世界の学校給食・食育の歴史

新村 洋史

績文堂出版

はじめに

人類誕生の歴史は途方もなく遠い昔、約七〇〇万年前に、サルやチンパンジーの仲間から分化（進化）したといわれます。二〇〇万年前ころから、さまざまな人類種へと進化しました。

樹上生活から地上に降りて直立二足歩行をするに至って進化は加速します。地上におりたのは、「食物を探し獲得するためであった」といわれます。それによって、生活は激変していきました。

その暮らしは、狩猟・採取の日々であり、仲間とともに一日二〇キロメートル以上も歩いて食べ物を探しました。森林の火災などをきっかけに、「火」を使って煮炊きして食べるということもできるようになりました。そのような狩猟・採取で手に入れたものを「調理」して食べるようになって、人類はさらに飛躍的な進化を遂げるようになったといわれます。食の営みが人間を発達させていきました。

これらの生活には、「協同（協働）すること」が不可欠であり、そのために「言葉」が生まれてコミュニケーションをとることも身につけていきました。こうした「協同」と「共食」の生活は、身心の人間的な発達を促し、「共感しあう能力」を進化させる営みでもありました。

それはまた同時に、家族や共同体の仲間との交流をとおして「自己自身を見つめる」という「人格の形成」と並行するものであったと思われます。すなわち、自己意識や自己認識が発達していったのでしょう。

時代は一挙にとんで、近世・近代にはいると、西欧、たとえばイギリスでは、教区ごとの教会でキリスト教のおしえや文字の読み書きの初歩を子どもたちに教えることが行われるようになりました。そこでは、「簡便な食事」が出されたといいます。また、救貧事業の一環として設けられた「職工学校」(Industry School) でも、働き方と同時に読み書きの授業が行われ、「給食」が出されたといいます。

その後、個人のボランティアで多くの「私立学校」が設置されていきましたが、昼食は親が持たせる「弁当」か、失業中や極貧層の家庭に限って「無料の食事」が出されました。これらは、今日の学校給食とはまったく異質な、慈恵的・慈善的なものであり、「救貧法」(Poor Law) による事業でした。

こうした歴史的な経過や背景のもとで、給食を「教育制度の一環」として位置づけるという考えや制度化に至るまでには、粘り強い社会運動の積み重ねや議会での論争が繰り返されました。イギリスにおいて、その時代の「世論」を支配していたのは、「給食を公的に行うことは、「親の権利を侵害するもの」である」という根強い「個人主義」的な価値観でした。この支配的な価値観のために、公立学校の創設や給食の制度的実施が遅れました。

しかし、時代環境は、「産業革命」(最盛期は一七七〇〜一八三〇年) の進行のなかで、「貧困化」はますます深刻度を増していきました。一二時間というような長時間にわたる児童労働の残酷さのなかで、この事態を改革しなければ民衆社会も国家体制も立ち行かないという事態になり、労働者階級を中心に社会変革への機運が広がっていきました。

さらに、社会の存続・発展を望むならば、学校制度の普及・充実と「子どもたちの学習・教育活動を支える身体的・栄養的な福祉」や、そのための「教育」(体育、家庭科、給食・食育)を充実させることが不可欠だという世論が高まっていきました。

一八〇〇年代の後半から一九〇〇年代の初頭にかけて、「学校給食の保障」にとどまらず、学校における「身体検査」、「栄養調査」、「学校内診療所」や「看護婦・養護職員」などの設置についても政策的な提言がなされ、実施されていきました。

イギリスにおいては、このような学校制度の充実化は、一八七〇年の「初等教育法」や一九〇六年の「教育(学校給食)法」などの制定によって、進展しました。

ここまでに到る歩みは、「エリザベス救貧法」(一六〇一年)から、およそ三〇〇年にわたるたいへんに長い道のりでした。一八七〇年の初等教育法を起点とすれば、三六年後に「学校給食法令」である一九〇六年法が制定されたのです。それは、民衆の切実で持続的な要求運動の力があってこそ、学校給食を制度的に実施することが実現したということです。

日本では、「学制」が一八七二年(明治五)に発布されて以降、「学校給食法」(一九五四年)が制定されるまで八二年もかかっています(ただし、一九三二年九月に、鳩山一郎・文部大臣名で「学校給食臨時施設方法に関する文部省訓令」が出されています。これは、日中戦争・太平洋戦争(「十五年戦争」)による「国民の貧困化」への対処であり、その真意は「強い兵隊と強い銃後の国民を作る」という戦争政策の一環である「健兵健民」策としての給食でした)。

ジグザグした道のりを辿りながらも、学校制度は人類の生存の知恵を伝承・発達させるものであり、給食・食育はその原動力を育み発揮させる生きる力の根底をなす営みです。この「食の営み」をとおして人間の学びを充実させていくことは、止むことなき人間社会の願いであり続けることでしょう。

本書では、こうした学校給食制度の歴史を振り返りながら、世界の学校給食制度が、「食育」「食教育」という、民主主義的な人間形成・人格形成につながる教育活動として社会的・国政的に認識され制度化されてきた、その歩みと内実を検討していきたいと思います。

章立ては以下のとおりです。

第一章は、福祉から教育としての給食制度への発展の歩みを、日本国内および国際的な法制からみていきたいと思います。

第二章では、今日における食と子どもの性格・人格形成との相関関係を、さまざまな調査をもとにみてみたいと思います。これをみると、じつに端的に食のあり方が性格・人格形成に深くかかわっていることがわかります。

第三章では、人類史のなかでの「人類にとっての食の意味」をみていきたいと思います。

第四章では、古代から現代までにおいて、「世界の賢人たち」が、どのような「食事観」や「人間・人格形成」観をもっていたのかを、探求してみたいと思います。

第五章では、近代世界の先進国であったイギリスの親・子どもの生活と給食運動、および、学校給食の制度化の歩みを跡づけていきたいと思います。

第六章は、イギリス以外のドイツ、フランスなど、西欧の諸国家、およびアメリカ合衆国などの給食の歴史の概観を記したいと思います。日本の学校給食についても概観します。

第七章では、フランスとイギリスの学校給食の実態を自分の目で確かめようと思いたち、二〇〇〇年三月、二〇人で九日間の視察旅行に出かけました。そこで見たり、ヒアリングしてつかんだ両国の学校給食の実態について報告したいと思います。

目　次

第一章　福祉から「教育としての給食」への歩み

——法制の歴史を軸に——

世界の歴史からみると、学校給食は一八〇〇年代から一九〇〇年代半ばにかけてヨーロッパ諸国（ドイツ、フランス、イギリスなど）で開始され、その実施主体や対象児童の数も拡大されていきました。特に、給食の「実施主体」をめぐって、さまざまな経験や試行錯誤を積み重ね、最終的には「国家及び教育行政当局」による「法制」が作られ、教育事業の一環として実施・運営される現代に至りました。

その歴史的・現実的な背景や要因は、国民（労働者階級）やその子どもたちの残酷ともいえる「労働・生活状態」や、貧困からくる欠食による「身体的・栄養的失調」、「精神的荒廃」があり、「国家及び社会の存続発展さえも危惧されるような社会状況」が誰の目にも明らかになったからでした。

「食育」「食教育」という言葉や用語が登場したのは、ごく最近のことで、日本では「食育基本法」（二〇〇五年）の制定に、その画期があります。

しかし、「考え方（想念）」としては、敗戦後の日本の「学校給食法」（一九五四年）のなかにおいて、すでに「教育活動の一環」として給食は位置づけられていました。

ヨーロッパでも日本（一九四五年以前の時代）においても、給食を開始した目的は、主として「救貧（事業）」であり、また、その発展としての「社会福祉」・「児童福祉」の事業として学校給食は行われていました。

しかし、一九〇六年に制定されたイギリスの「教育（学校給食）法」（Education（Provision of School Meals）Act of 1906）では、給食を「地方教育当局」（LEA：Local Education Authority）が担当することになり、これを境目として、「Poor Law」（救貧法）による「救貧事業」ではなく、「教育としての学校給食」が徐々に内実を伴うものとして推進されていきました。

一挙に、教育としての学校給食が実施・実現されたわけではありませんが、そのような給食の実現・拡大を土台として、第二次世界大戦後の一九五一年には、「ユネスコ主催による第一四回国際公教育会議」において、「学校給食および衣服に関する各国文部省に対する勧告第三三号」が採択されました（詳細は後述）。この「勧告」は明確に、給食を教育として位置づけました。じつに画期的な宣言であったと思います。

このような大づかみにみた世界の歴史的発展のなかで、学校給食は「教育活動」として認識され法制化されていきました。まずもって、「教育としての給食」を明記した世界と日本における法制の歴史をみていこうと思います。

第1節　一九五一年のユネスコ主催「国際公教育会議」における勧告

この国際会議において、世界で初めて「学校給食および衣服に関する各国文部省に対する勧告第三三号」が採択されました。この「勧告」は、それまでの学校教育事業を総括しつつ、第二次世界大戦後の新しい歴史を創造しようとする宣言であったと思われます。同勧告は冒頭において、「無償の義務教育」・「教育の機会均等」を保障するために、「学校給食を充実させることがますます必要である」と前置きしつつ、今後の「給食の充実策」を提起するものでした。世界大戦後においてさらに政策として追求すべき「給食の教育目標」について、次のように提言するものでした。

まず、世界の国民生活の現状について、「勧告」は次のように述べています。

「多くの諸国において、婦人がいっそう外で働くようになり、したがって母親たちは十分に子どもの食事の世話ができなくなっていること」、「合理的な食事は、児童の健康および学業にとって、また人格の調和のとれた発達にとって基本的な要素であること」、「多くの家庭の食生活は栄養学的研究の成果による法則には必ずしも合致していないこと」、「学校が科学的基礎に基づく栄養食の手本を示すべきであること」を考慮し、各国の文部省は「学校給食を充実すべきである」、としました。このような現状と課題認識に立って、以下のように給食の「政策目標」を、じつに具体的に子どもの立場に立って提示しました。

① すべての学校において、給食が行われるようにすること（第１項）。
② 可能なかぎり、自校方式で行うこと（第２項）。
③ 食堂などは、子どもたちに楽しく居心地のよい雰囲気を与え、授業のあとでくつろげること、親と家庭にいるようにのびのびとふるまえること、子どもの美的感覚を育てること、子どもに良い食習慣、

清潔、食事作法、協力と仲間意識などを教えることによって、社会的訓練や教育を行うことができるように設備を整えること（第5項）。

④　できる限り過密をさけて、ゆっくりした室内で、家庭の食卓を思わせるような円テーブルにグループごとに席をつくること（第6項）。

⑤　備品類はただ実用的だということではなしに、子どもがそれを楽しいものだとしてながめ、自分の持ち物のように大切に取り扱う気持ちを起こすようにという配慮にもとづいて選定すること（第7項）。

⑥　学校給食は子どもたちに与えるその栄養的ならびに教育的利益のゆえに差別なく、すべての子どもに与えられるべきであること（第8項）。

⑦　学校給食の献立は、子どもの身体的および知的発達を促すように工夫されること（第10項）。

⑧　学校給食の運営費は中央あるいは地方行政当局の負担とする。学校給食の完全無償が不可能な場合には、父母による財政負担が考慮されうる。この場合の負担は、給食材料費を超える額とすべきではない（第4および第9項）。（「民主教育研究所」の故・深山正光氏からいただいた同氏による翻訳による）

ジャン・ピアジェ

以上にみる「勧告内容」は、親・国民の願いと子どもを中心においた人間味ゆたかな学校給食像であると感動します。この「ユネスコ勧告三三号」が作られたとき、ユネスコの国際教育局の事務局長を務めていたのは、スイスの世界的な心理学者であるジャン・ピアジェ（一八九六〜一九八〇）でした。彼の知見も、この勧告に反映されているのかもしれません。そしてこの勧告は、日本の一九五四年の学校給食法にも反映され、受け継がれていったと思います。

第2節　日本の一九五四年「学校給食法」の理念と目標について

学校給食法の理念（目的）

一九四五年の敗戦後、アメリカの「アジア救済委員会（ララ）」の物資などによって一九四六年一二月から、給食が実施されました。その後、一九五一年（九月八日）にサンフランシスコ講和条約が結ばれると、この給食も廃止となりました。これを機に、全国的な規模で学校給食の実施を求める請願運動がおこりました。

私もこの頃の状況を知りたいと思い、一九九五年頃、国立国会図書館の五階にある「法令資料室」に通って、『国会議事録』を調べました。遠く島根県の隠岐の島からもリアカー（自転車の後尾に着けたり、人が引いたりして物を運ぶ二輪車）に請願署名簿を積んで、国会議事堂に届けたという記述を目にして、たいへん驚き感激しました。全国各地からこのような大請願運動が展開されたのでした。

このように、国民の圧倒的な強い要求に押されて、野党も政権政党も学校給食法を制定して、給食を実施することはやむをえず、余儀ないこととされました。このようにして一九五四年六月三日に、衆議院・参議院の満場一致で「学校給食法案」が可決・制定されたのです。

昭和22年　ララ物資で学校給食
（文部省『学校給食の発展』朝日新聞提供）

同法の目的（第1条）は、①「学校給食が児童及び生徒の心身の健全なる発達に資すること（役立つこと）」、かつ、②「国民の食生活の改善に寄与すること」、そのために、③「学校設置者は、学校給食の普及と充実を図る努力義務がある」と、規定されました。同じ年における、政府（案）の「提案理由」をみると、いっそうはっきりと学校給食を「教育法」の一環として考えられていたことが明瞭です。

学校給食法案の「提案理由」は、次のように述べています。

「……小学校等において、その教育の一環として学校給食が適正に実施されるということは、とりもなおさず、児童がみずからの体験を通して、望ましい日常の食生活の営みを学びとることであって、学校給食が児童の現在及び将来の生活を幸福にする所以（ゆえん）であり、教育的に実施される学校給食の意義はまことに重要である」（一九五四年四月一四日、第一九国会、衆議院本会議）。（傍線部は引用者）

学校給食法の教育目標

同法の第2条では、給食の「教育目標」が、次のように四つ掲げられています。

① 日常生活における食事について、正しい理解と望ましい習慣を養うこと。
② 学校生活を豊かにし、明るい社交性を養うこと。
③ 食生活の合理化、栄養の改善および健康の増進を図ること。
④ 食糧の生産、配分及び消費について、正しい理解を導くこと。

学校給食法と教育諸法令との一体的関連

学校給食法が教育法の一環であることが、他の教育諸法令をみることでよく理解できるので、このことを記しておきたいと想います。

まず、「教育基本法」（一九四七年三月三一日制定）は、第2条（教育の方針）で次のように、述べています。

「教育の目的は、あらゆる機会に、あらゆる場所において実現されなければならない。この目的を達成するためには、学問の自由を尊重し、実際生活に即し、自発的精神を養い、自他の敬愛と協力によって、文化の創造と発展に貢献するようにつとめなければならない。」

教育としての給食の活動（および学校給食法）のねらいは、この規定と寸分も違いません。

この教育基本法が定める「教育の目的」とは、その第1条において、次のように掲げられています。

「教育は人格の完成をめざし、平和的な国家及び社会の形成者として、真理と正義を愛し、個人の価値をたっとび、勤労と責任を重んじ、自主的精神に充ちた心身ともに健康な国民の育成を期しておこなわれなければならない。」

このように、教育基本法に示される「教育の目的と方針」は、学校給食法が示す給食の「目的と方針」に、そのまま重なっています。

学校給食活動は、学校給食法が示すように、形式的な知識の詰め込みではまったくなく、知識と生活体験とを生かした実際的な教育を行うものです。学校給食活動を通して自発的精神、学問的能力、協同や自治の力を育てることも可能です。教育基本法は、そうした能力を育てることができる文化的・教育的な給食教育が創造されることを要請しています。学校給食法は、それにこたえる内容となっています。

さらに、「学校教育法」（一九四七年三月三一日制定）は、義務教育学校の目的・目標について、第18条で次のように規定します。

「日常生活に必要な衣、食、住、産業等について、基礎的な理解と技能を養うこと」「健康、安全で幸福な生活のために必要な習慣を養い、心身の調和的発達を図ること」などを掲げています。

また、小・中学校の『学習指導要領』も、「特別活動」の「学級指導」に「学校給食の指導」を位置づけてきました。現行の「学習指導要領」では、一九八九年の改訂以降、「学級活動」に位置づけています。

文部省の通達「学校給食について」（一九五六年）

私が学校給食の研究をしてきて、すごく感激した文書がありました。それが一九五六年に出された文部省の学校給食課長の「通達」（題名：「学校給食について」）です。上記で紹介した内容とは、少しおもむきが異なっていました。それは三ページくらいにわたる長い文書です。感激した部分というのは、次のような文章です。「子どもたちの給食時間の時に、栄養職員は、今日の給食の食材や、その栄養について子どもたちにわかりやすく話してください」。また、「調理員の皆さんは、その日の給食をどのように調理したのかを、子どもたちに伝えてください」というものです。

この「通達」は、学校給食法の制定直後（中学校での給食も一九五六年に開始される）の時期において、「給食指導（教育活動）に栄養職員や調理員も参加してほしい」というものです。自分たちの給食を作ってくれた栄養職員や調理員の仕事を直に子どもたちに伝えようという発想は、じつに慧眼であり、素晴らしい視点であると共感し感激しました。

文部科学省『食に関する指導の手引』（二〇一〇年、改訂版）

このような発想や視点は、今日でも生きていると思います。たとえば、文部科学省『食に関する指導の手引』（二〇〇七年初出、二〇一〇年、改訂版）では、「給食の改善策」の提言がなされています。

すなわち、①校長の責任のもとで、調理員も「献立作成委員会」に参加すること、②同じく、調理員も「物資選定委員会」に参加すること、③調理員も、教職員として「子どもたちと一緒に給食を食べること」。これによって、「自分たちが作った給食を、子どもたちがどのように食べてくれるかを観察して、給食の改善に努めること」としています。実際に、このような実践をしている地域や学校も少なからず存在します。

厚生労働省『新保育所保育指針』（二〇〇八年）

保育所においては、調理員の仕事と責任は、さらに専門的な在り方が求められています。二〇〇八年の厚生労働省の『新保育所保育指針』では、「調理員は「食育の専門職」である。子ども・保護者に対して食アレルギー問題などに対しても、「専門職」として対応すること」と、規定されています。

第3節　食育基本法（二〇〇五年）の制定

食育基本法は、国民や子ども・青年たちの食の荒廃の現状を改善しようと制定されました。同法では、「食育は、知育、徳育及び体育の基礎となるべきもの」であるとしました。「食育」・「食教育」こそは、人間の学びの基礎であるというのは、至言です。同法は、「国民の食の問題点」を以下の八項目にわたって指摘します。

① 食の大切さを忘れている。
② 栄養の偏りがある。
③ 不規則な食事になっている。
④ 肥満や生活習慣病が増加している。
⑤ 過度の痩身志向がみられる。
⑥ 食の安全上の問題がある。

⑦　食の海外への依存という問題がある。
⑧　情報の氾濫にも問題がある。

こうした食に関する問題状況から、食の在り方を学ぶことが求められるとしました。この法律に基づいて、一時、トップダウンの「官制の食育運動」が展開されましたが、画期的な変化はみられませんでした。同法は、「食の経験」と「食の知識」と、それによる「食の選択能力」が「健全な食生活の実践力」であるとしましたが、それは、とくに斬新な提案ともいえません。文部科学省のコメントも、特別に新規なものはありませんでした。そのコメント内容は、「学校での食育とは、給食を土台に、知識・理解を深めて、食の実践力・行動力を身に着けることである。「給食」は食育の〝生きた教材〟である」と述べる程度でした。

第4節　学校給食法の改訂（二〇〇八年）

上記の「食育基本法」の制定・実施を受けて、二〇〇八年に学校給食法の改訂が行われました。同法の第1条（目的）では、「食育の推進」を図ることを強調します。第2条（目標）では、指導すべき項目数が四項目から七項目にふえています。その要点を示せば次のとおりです。

①　適切な栄養の摂取による健康の増進を図る。
②　健全な食生活を営むことができる判断力を培い、望ましい食習慣を養う。
③　明るい社交性及び協同の精神を養う。

④　食生活が自然の恩恵の上に成り立つことに理解を深め、生命及び自然を尊重する精神および環境の保全に寄与する態度を養う。
⑤　食生活が食にかかわる人々の様々な活動に支えられていることに理解を深め、勤労を重んずる態度を養う。
⑥　我が国や各地域の優れた伝統的な食文化についての理解を深める。
⑦　食料の生産、流通及び消費について、正しい理解に導く。

上記の項目のうち、とくに③、④、⑤、⑥項（傍線部）は新たに付加されたものといえます。

さらに、新たに「第3章　学校給食を活用した食に関する指導」が設けられました。ここでは、「栄養教諭等、および校長の任務」が規定されました。それは、第10条で次のような子どもに対する「指導事項」が述べられます。

その要点は、⑴「栄養教諭」は、学校給食において摂取する食品と健康の保持増進との関連について指導する、⑵食に関して特別の配慮を必要とする児童・生徒に対する個別的な指導、および学校給食を活用した食に関する実践的な指導を行う、⑶これらの指導においては、学校が所在する地域の産物を活用し、地域の食文化、食にかかわる産業や自然環境の恵沢に対する児童・生徒の理解の増進を図るように努める。⑷「校長」は、このような指導が効果的に行われるように、食に関する指導の全体的な計画を作成すること、と定められました。

以上のように、改訂された学校給食法では、「食育」が学校給食の中心的な任務であることが明確にされました。二〇〇五年には、栄養職員制度のなかから「栄養教諭」が設置され、この職が「食育」の中心的な推進者であることが明記されました。

この時期を境にして、日本の全国各地で「食育計画表づくり」や「指導案作り」が大きな課題になっていきました。

第二章　子どもにみる「食と性格・人格形成」の相関関係

――食・給食は、学びと人間形成の土台――

一九七〇年代から一九八〇年代にかけて、子ども・青年の食事の在り方（孤食・共食、欠食など）や栄養状況の低下傾向のなかで、「食」が子どもの身体的・精神的な発達に影響を及ぼすことに、強い関心が向けられるようになりました。それが、「子どもにみる「食と性格・人格形成」の相関関係」という問題関心です。

このような問題関心は、二〇〇〇年代になると、さらにＯＥＣＤ（経済協力開発機構）による国際的調査にも発展し、二〇〇五年の日本における「食育基本法」の制定以降においては、文部科学省をはじめ厚生労働省、農林水産省などの事業としても、取り組まれるようになっています。そこでは、二〇二〇年代の今日の日本全国各地における「国民の食生活実態」や「食育の運動・活動事例」が紹介されるようになっています（農水省『食育白書・二〇二一年版』などを参照）。

「食育」とは、子どもたちにとっては、自分の身に入れるものへの関心をもち、農業等や栄養についての認識や理解を深め、家族や学級の他者とともに楽しく食事ができる自然な振舞や生命あるものを感謝していただく習慣、そして、それをとおして人間として自立していくことです。とりわけて重要なことは、食の仕事（学校園での野菜作りや給食時の配食など）の「共同」（協働すること）をとおして、「協同する」（心を通じあう）ことです。

このように、「食育」という学習・教育活動は、「テスト勉強ができればいい、体力テストが高ければいい」というような、能力主義的な「教育観」を土台とするものではなく、子どもたちが「認め合い」、「学び合い」をとおして、お互いが自分の人間性を「高め合う」心（性格・人格）を育み、発達させることに特別の意味があります。

第1節　子どもたちの給食活動と人間発達の様子

二〇〇〇年代の初めに、子どもたちの給食活動が充実していると栄養職員の皆さんに聞いて、東京都葛飾区のある小学校を訪れ、石井則子先生のクラスの子どもたちと一緒に給食の時間を過ごしました。

石井先生は六年生の担任で、子どもたちに日々の生活のなかで感激したことを「生活作文」という趣旨で書かせることを日課としている教師でした。この教室（クラス）の雰囲気は、しっとりと落ち着いていて、子どもたち一人ひとりが自信をもっているのが感じられました。また、とても親密で仲が良いのです。それは勉強の様子を見ていても、給食の配膳や後片付けをしている様子を見ていてもわかりました。私たちが話しかけても、子どもたちはちゃんと聴いてくれます。人の心を感じ、協同して生きるということが自然にできているのです。それは、次に掲げる作文にもよく示されているように思われます。

給食のありがたさ　長岡　愛

「おいしい。このスパゲティ、すっごくおいしい」と私は言いました。すると、生方《うぶかた》君たちが「うん、おいしい、おいしい」と言ってくれました。すると、三人は、たちまちスパゲッティをぺろりと食べてしまいました。私は、なんでこんなにおいしいんだろうと思いました。やっぱり給食のおじさんやおばさんだなあ、と思いました。一階に降りると、いいにおいがしてきます。そうすると、今日は何を作っているのかなあとワクワクしてきて、時々、寺田さんや田島さんで当てっこをしたりします。私が給食をありがたいと思っているのは、やっぱりなんでも食べられて、六つの栄養素がとれるからです。それと、みんなとのおしゃべりで、相手のことがわかりやすいです。そして、もう一つ、みんなが一番協力しあうことができることです。臨機応変して、人数が少なくてもちゃんと人数分用意したり、足りない時は自分のを減らして足りるようにするのは、協力しあった六の二（クラス）がえらいけど、それは給食が教えてくれたものではないかと思いました。『六の二よ、給食を抱け！』　クラーク愛。

この児童は、給食という共同活動のなかで、協力しあうこと、「協同」しあうこと（心を通じ合わせること）をとおして、人間認識や自己認識を広げ深め、人間発達の在り方を洞察しているように思われます。

もう一つの作文を紹介します。この六の二（クラス）の子どもたちは、クラスの仲間たちに対して協同の心を抱きながら行動していることがよくわかります。

ありがとう　浜田菜津美

今日、私は給食当番でした。みんなの給食を配り終えた頃、私の給食が配られていないことに気がつきました。小西さんと三重野さんが配ってくれようとしたのだけれど、めんが足りませんでした。けど、寺田さん、田島さん、小西さん、三重野さん、酒田さんが、お皿を持ってきてくれて、めんを分けてくれました。フルーツポンチも足りなかったのですが、こうして分けてくれました。みんなが進んで分けてくれて、うれしかったです。私は「ありがとう」と言いました。何回言ってもいいくらいです。本当に進んで分けに来てくれて、うれしかったです。今日は私だったけれど、今度は他の人がそうなるかもしれません。そうしたら、私も進んでそうしたいと思います。給食のことだけではなく、他のことでも、人が困っているとき助けてあげようと思います。本当にどうもありがとう。

共同の食事である給食の場で、自分や誰かの席に給食が配られていなかったらショックなことです。このクラスの子どもたちは、「協同する」心をもって、給食当番の仕事をしていることがわかります。

家庭の食事も学校給食の場も、共に生きること、協働すること、そこにおけるコミュニケーション（「協同」）をとおして、人間としての感覚・感性、性格・人格を育み高めていく重要で不可欠な場であることが、上記の子どもたちの作文からも読み取ることができます。

第2節　ＯＥＣＤと文部科学省等の調査（食と「学力」との相関）

二〇〇〇年代に入って、国際的機関（ＯＥＣＤ）や日本の文部科学省などは、いわゆる「学力テスト」と食事状況とを相関させるという調査を行ってきました。その概略を紹介します。

国際機関であるＯＥＣＤ（経済協力開発機構）は、ＰＩＳＡ（ピサ）という「学習到達度調査」を実施してきましたが、二〇〇六年には、はじめて「食と学力に関する調査」を実施しました。このテストで成績の良いトップクラスのフィンランドは、いち早く調査を実施しました。この調査の結論は、「フィンランドの子どもたちは、朝食をしっかり食べることで、脳の唯一のエネルギーであるグルコース（ブドウ糖）の血中濃度が高まり、脳が活性されることで学力が向上する」のであると実証しました。

日本の文部科学省は、二〇〇二年の「基礎学力調査」（国語、算数・数学、社会、理科）の際に、「家庭での朝食摂取と同テストの正答率」との相関を、小・中学生を対象に調査しました。それによると、「朝食を必ず取る」児童・生徒のほうが、「まったく、あるいはほとんど食べない」児童・生徒よりも、約一〇～一五点くらい高いという差があることを指摘しました（表１を参照）。

同じく文部科学省の二〇一〇年調査では、「完全給食の実施率」が高い府県のほうが、実施率の低い府県よりも一〇～二〇点の「学力」差があることを明らかにしました。

表1　文部科学省「基礎学力調査」(2002年)

——朝食摂取と学力テストの正答率——

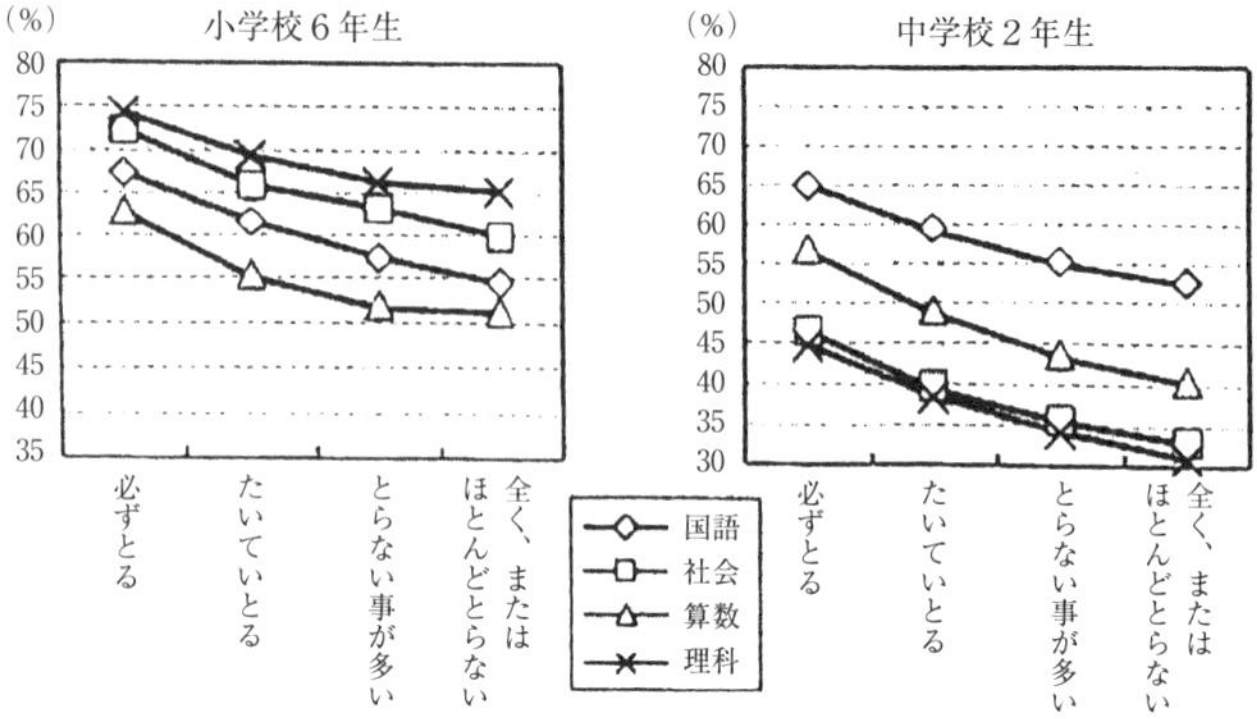

(平成14年度 文部科学省 基礎学力調査より)

表2　小学校6年生の朝食摂取と学力

	国語	算数
朝食をとっている子ども	65.6点	68.1点
朝食を全くとっていない子ども	45.3点	51.6点
(格差)	20.3点	16.5点

表3　中学校3年生の朝食摂取と学力

	国語	数学	英語
朝食をとっている生徒	74.8点	62.5点	58.0点
朝食を全くとっていない生徒	60.6点	44.9点	45.7点
(格差)	14.2点	17.6点	12.3点

表4　朝食摂取と体力テストの成績との関連

A	小学校5年生の場合	男子	女子
	朝食を毎日食べている	54.1点	55.9点
	朝食を食べていない	50.0点	52.6点
B	中学2年生の場合	男子	女子
	朝食を毎日食べている	42.0点	50.7点
	朝食を食べていない	38.0点	45.8点

表5　小・中学生の朝食欠食率の推移

	07年	08年	09年	10年	15年	16年	17年	18年	19年
小学生（%）	4.7	4.5	3.9	3.6	4.4	4.5	4.6	5.5	4.6
中学生（%）	8.3	8	7.4	6.7	6.6	6	6.8	8	6.9

（出所　文科省『全国学力・学習状況調査』2019年度，『食育白書』2021年版）
2011～14年は，あまり変化がないので省略。

最新の文部科学省『全国学力・学習状況調査（二〇一九年度）』（『食育白書』二〇二一年版に所収）に示される小・中学生の「朝食摂取状況と学力・体力」の状況は、以下の表2などのとおりです（表2、および表3、4、5を参照）。

第3節　朝食の内容・質と心身の健康度について

「学力」だけではなく、「心身の健康度」を朝食に即して調査した鈴木雅子氏の調査があります（表6を参照）。この調査は、小学校五年生の約五〇〇人の男子と女子を対象に実施されたものです（一九九八年）。表にあるA～Eは、食事内容（質）を示すもので、Aは一汁三菜の「良い食事内容」、Eはトースト一枚など「不十分な食事内容」

男子の場合	A	B	C	D	E
グループと人数	31	95	247	97	52
食生活平均得点と有訴率（%）					
食生活平均得点	38	34.2	29.9	26.8	22.6
いらいらする	32.2	47.4	73.7	71.1	92.3
はき気がする	29	25.3	23.1	62.9	78.8
腹が立つ	29	38.9	57.5	91.8	96.2
ゆううつになる	16.1	10.5	16.6	27.8	73.1
めまいがする	6.5	7.4	10.1	38.1	80.8
すぐカッとする	25.8	24.2	38.1	73.2	88.5
根気がなくあきっぽい	22.6	20	38.9	57.7	84.6
ぼんやりする	16.1	8.4	19.8	21.8	75
学校に行くのがいや	29	26.3	32.9	66	84.6
自殺したいと思ったことがある	12.9	11.5	11.7	13.4	26.9
相談できる先生がいる	25.8	15.8	11.3	11.3	3.8
相談できる友人がいる	45.2	64.2	79.4	57.5	40.3
親は信頼できる	67.7	64.2	59.1	49.5	53.8
いじめている	0	3.2	1.2	12.4	40.4
いじめられている	12.9	6.3	2	5.2	11.5
いじめていないしいじめられていない	87.1	90.5	96.8	82.4	48.1

資料：鈴木雅子（広島県福山市立女子短大）調査『農民』1998年4月20日付（農民連・新聞）

を表します。それぞれに応じて、心身の健康度が得点（数値）で示されます。得点の高いほうが、心身の健康度が高いことを示すものです。

男子の食生活全体の平均得点が、A（良い食事）は三八・〇点、E（不十分な食事）は二二・六点です。女子はAが三六・〇点、Eが二四・一点です。心身の健康度を示す項目である「いらいらする」の有訴率は、男子の「良い食事」の児童Aは三二・二％ですが、

表６　食事の質と子どもの心身の関係

女子の場合 グループと人数	A 29	B 98	C 230	D 101	E 47
食生活平均得点と有訴率（%）					
食生活平均得点	36	33.8	29.1	26.9	24.1
いらいらする	27.6	38.8	70.4	71.3	97.9
はき気がする	31	18.4	17	51.5	80.9
腹が立つ	20.7	41.8	74.8	90.1	100
ゆううつになる	31	13.3	27.4	42.6	61.7
めまいがする	0	16.3	17.8	42.6	80.9
すぐカッとする	10.3	11.2	27.8	37.6	66
根気がなくあきっぽい	10.3	14.3	55.7	45.5	63.8
ぼんやりする	13.8	11.2	22.2	18.8	66
学校に行くのがいや	0	19.4	31.7	67.3	91.5
自殺したいと思ったことがある	3.4	6.1	6.1	15.8	25.5
相談できる先生がいる	24.1	10.2	17	11.9	0
相談できる友人がいる	41.4	51	60.9	40.6	61.7
親は信頼できる	48.3	53.1	49.6	59.4	42.6
いじめている	3.4	0	0.8	5	17
いじめられている	6.9	2	1.3	3	6.4
いじめていないしいじめられていない	89.7	98	97.9	92	76.6

資料：鈴木雅子（広島県福山市立女子短大）調査『農民』1998年４月20日付（農民連・新聞）

「不十分な食事」のＥは、Ａの約三倍の九二・三％です（女子も同傾向になっています）。「腹が立つ」の有訴率は男子のＡ（良い食事）は二九・〇％ですが、Ｅ（不十分な食事）は九六・二％と該当率が高くなっています。「ゆううつになる」の有訴率も、男子でＡは一六・一％であるのに対してＥは七三・一％と四・五倍ほどの多さになります。「いじめている」も、男子Ａはゼロであるのに対して、Ｅは四〇・四％と多くなるという状況が示されています。

食事内容が、子どもの心身の健康度に影響を与えるという調査は、このほかにもあります。以下に、二つの調査を簡略して記します。

同じ時期に、茨城県警の少年課と筑波大学・精神保健学の教授とが共同して、『青少年の非行と食生活の関係』という報告書（一九九八年）を出しています。同報告書は、「補導された子どもたち」の食事の特徴には共通性があるとしています。たとえば、①「週三日以上朝食を抜く」、②「魚や野菜類の摂取が少なく、カップ麺などが多い食事になっている」、③「家庭で食卓を囲むことがない」などの傾向が強い、と指摘しています。

さらにまた、同時期に、広島県教職員組合は小学校五年生から中学校三年生までの児童生徒一万二〇〇〇人を対象に食事調査を行いました。「朝食の欠食」は二〇％にも及んでいると報告されています。「キレルことがよくありますか」という質問項目で、「ある」と答えた子どものうち、「朝食をきちんと食べている子ども」は一五・五％ですが、「朝食をほとんど食べない子ども」は、二六・一％と約二倍程度も多くなると指摘しています。

こうした状況をふまえて、一九九八年六月には、文部省（現・文部科学省）は、「児童生徒の「心の健康問題」が深刻になることの背景には、朝食欠食率の増加や偏った栄養摂取に起因する問題があるので食の指導を充実させてほしい」という「通知」を出しています。一九八〇年代から一九九〇年代にかけては、「非行」や「校内暴力」が全国的に頻発した時代であり、国民生活の困難さを反映しているものであると思われます。

表7　文部科学省「児童生徒の心身の健康と生活習慣に関する調査

心身の健康に関する設問項目	男子	女子	筆者コメント
1）自分には価値がない，他人よりも劣っている	87.20	87.90	自己肯定感なし
2）将来やってみたいことや仕事がある	19.15	16.40	将来の夢なし
3）私なんかいない方がいい	25.60	30.40	自己肯定感なし
4）私は何をやってもうまくいかない	57.6	58.30	成功体験なし
5）すぐ乱暴で汚い言葉を使う	60.70	56.50	意思疎通困難
6）よく頭が痛くなる	36.90	43.90	ストレスが強い
7）排便のリズムが崩れやすい	45.40	52.70	ストレスが強い
8）私はイライラしている	51.70%	57.50	自己実現困難

資料：2002年3月28日発表。小・中・高校生1万400人対象に2001年に調査を実施した。下位の15%の児童生徒を対象として分析した集計である

こうした歴史的な社会背景のなかで、文部科学省自身も「児童生徒の心身の健康と生活習慣に関する調査」（小・中・高校生一万四〇〇人を対象）を二〇〇一年に実施し、二〇〇二年に発表しました（表7を参照）。

この「調査」がいう「生活習慣」とは、①朝食を食べたか、②夜すぐ眠りにつけたか、③寝る時間は決まっているか、④朝すっきり目覚めたか、⑤運動習慣はあるか、⑥家でごろごろしているか、⑦家族と会話があるか、⑧心配事を家族に相談するか、です。

この調査結果に対する私の想いと考察は、簡単にではありますが、表の右端に表記しました（「筆者コメント」の欄）。この文部科学省の調査においても、食事を中心とする「生活習慣」が児童生徒の心身の健康度に、計り知れない重大な影響を与えるものであることを深刻に思い知らされました。

この調査については、「生活習慣」がどのようにしてつくられたかなど、児童生徒等が置かれている社会・

表8のＡ「だれといっしょに食べましたか」
――家族との共食状況――　（%）

		家族全員	大人もいたが全員ではない	子どもだけ	一人		
朝食	1982年	22.4	38.4	20.6	17.8		
	1999年	12.6	36.5	24.5	26.4		
夕食	1982年	40.9	40.5	7.6	9.1	欠食 1.4	不明 0.5
	1999年	33.4	46.7	9.6	7.3	その他 3.0	

足立己幸・NHK「子どもたちの食卓」プロジェクト『知っていますか　子どもたちの食卓』（NHK出版，1999年）

文化構造にまで立ち入って検討されなければ不十分であると思います。国民や児童生徒の「心がけ」だけでは根本的解決には至らないものであると考察します。

第４節　「共食文化」の衰退（孤食）が子どもの発達に及ぼす影響

家庭における食事の在り方（共食や孤食、欠食など）は、「学力」だけではなく、子どもの心身の発達、性格や人格にまで影響を及ぼすものです。このことを明らかにし社会的な問題提起がなされたのは、二〇世紀末のことでした。ＮＨＫのテレビ報道（番組）や足立己幸著『知っていますか　子どもたちの食卓』（ＮＨＫ出版、一九九九年）は、その先駆的な問題提起でした。

足立氏の著書によれば、一九八二年から一九九九年の一七年間において、家族そろって食事する小学校五年生の「共食状況」は衰退状況をたどっています（表8のAを参照）。

表に示されているように、「朝食」を「家族全員で食べる子ども」は、一九八二年は二二・四％でしたが、一九九九年には、

表8のB　共食・孤食と健康とのかかわり

健康状態	家族全員共食（%）	一人孤食（%）
いらいらする	38.3	51.1
頭が痛くなりやすい	34	35.8
だるくなりやすい	33	35.7
夜よく眠れない	29.7	43.4
かぜをひきやすい	28.9	32.9
心配事がある	25.4	38.8
元気が出ない	22.6	32.6
食事がおいしく食べられない	21.3	23.6
足が重い感じがする	18.8	24.1
手足が疲れる感じがする	17.8	20.2
心臓がドキドキしやすい	14.2	20.8
胃の調子がおかしい	13.8	19.1
めまいがしやすい	12.7	18
下痢しやすい	12.3	19.6
便秘しやすい	9.1	13.2

出所：足立己幸『知っていますか　子どもたちの食卓』NHK出版、1999年

一二・六％と約半減しています。「夕食」でも、「家族全員で食べる子ども」の割合は、四〇・九％から三三・四％と七・五％減っています。逆に言えば、一人で、あるいは、子どもだけで食べる「孤食」に近い状況にある子どもたちが五〇％近くに増えています。

表8のBは、「家族全員」（共食）での食事と「ひとり」（孤食）での食事とにおける心身の「健康状態」を調べたものですが、「孤食」の子どもたちのほうが不調を訴える割合が高いことがわかります。とくに、頻度の高い「いらいらする」、「夜よく眠れない」「心配事がある」などという心身の状態は、「共食」の場（食卓）において家族みんなで語り合うなどのコミュニケー

ションの不足によって、もたらされるものだと思われます。

最近年の政府の調査（二〇一八年）によれば、夕食を「家族全員で食べる」割合は、七八・〇％と増えており、朝食も「家族全員で食べる」割合は、五八・二％と増えています。他方、朝食を「一人で食べる」割合は、三三・九％と、足立氏の調査の一九九九年（二六・四％）に比べて増えています（農林水産省『食育に関する意識調査報告書二〇一八年版』・『食育白書』）。

二〇〇五年に「食育基本法」が制定されて以降、二〇二一年で三回目となる「第三次食育改善事業」が、政府主導（文科省、農水省、厚労省）の下で実施されてきましたが、良くも悪くもその成果を示そうというものであろうと思われます。

第5節　子ども食堂——食をとおしての子育て・地域づくり——

学校給食とならんで近年、「子ども食堂」が話題となり、日本国民の八〇％がその発展状況に関心をもっているともいわれます。「子ども食堂」は、放課後に地域の子どもたちに食事を提供したり、学習支援をしたり、子どもや大人など街の人々が交流する居場所です。以下では、この「子ども食堂」について、その世界の歴史と今日の動向について概観しておきたいと思います。

イギリスや欧米の歴史のなかにみる「子ども食堂」

本書の第四章でも少し触れていますが、イギリスにおいても一九〇六年「教育・給食法」が制定される五〇年前の一八五〇年代ごろに、ボランティアの人々によって「子ども食堂」のようなものや、個々の子どもの家に食事を届けるといった社会奉仕の活動が展開されていました。学校給食が制度化されて以降も、休日には家で食事をすることができない子どもたちには「子ども食堂」なみに食事を提供するという事業も、無料あるいは有料で行われました。その目的は、市民が主体となって、社会が生み出す民衆の貧困や孤立化をのりこえて人間らしい暮らしを保障する地域づくりや社会生活を作ろうということにありました。

また、学校給食制度が法制的にも、行政的にも確立されていない一八五〇年代以降の一九世紀には、「大衆食堂」のような店に教師たちが子どもたちを連れて行って、昼食をさせるという「食堂」も市中の各地に作られていました。そこでは、その「食堂」のおばさん、おじさんたちが子どもたちに食事や特別のデザートなどを作って提供したりして、子どもたちの相手をし、サービスをしたという歴史があります。

しかし、このような食事や地域づくりの事業は過去のものではなく、貧困や家族生活の格差化が広がっている今日の状況のなかでも、その必要性の認識が高まり、「子ども食堂」(名称はさまざま)の設置や活動が年々急速に広がっています。

たとえば、今日のアメリカやイギリスでは、貧困対策を軸として子どもたちの放課後の時間に食事の提供をし、学習支援をする施設、あるいは、学校が始まる前に朝食を出すという「朝食クラブ」という施設も作られています。アメリカでは、このような施設が二〇一〇年の時点では、小学校一二万五〇〇〇校のうち、七〇%に当たる八万七〇〇〇校区で行われているといわれます。イギリスでは、二〇〇七年の時点で小学校区の四六%、中学校区を含めると六二%で、このクラブが設置され、自治体（役所）も「特別補助金」を出しているといわれます（Ｗｅｂ・ウキペディアを参照）。

北欧のフィンランドでは、夏休み期間中の平日に、子どもたちに無料で食事を提供する「子ども食堂」のような施設が今日においてつくられています。同国の首都であるヘルシンキ市内には、六五か所が存在するといわれます。

さらに、ドイツには民間団体である「アルフェ」（Die ARCHE）という団体があります。ドイツでは、相対的貧困率における子どもの貧困率は五人に一人（日本では、六〜七人に一人の割合）で、日本よりもやや高い状況です。その状況のなかで、ＮＰＯ（非営利活動法人）と企業とが連携し、子ども食堂、学習支援、居場所づくりなどの事業を展開しています。アルフェはドイツ以外にスイスとポーランドのワルシャワにも合わせて二三か所の「子ども食堂」を営んでいます。これらの地域の全体を総計すると、子どもの利用者数は一日で四〇〇〇人にもなるといいます。ドイツでは公的補助で「子ども食堂」を営むＮＰＯが多いといわれますが、アルフェは全額寄付金（個人八割、企業二割）で運営しているといわれます（宮本恭子「ドイツの民間団体組織「Die ARCHE: アルフェ」にみるＮＰＯと企業の連携による子どもの貧困対策」島根大学『社会文化論集』二〇二一年三月）。

日本の歴史のなかにみる生活支援組織の歩み

日本の「子ども食堂」についての研究では、その歴史的原点として、いわゆる「セツルメント運動」があげられています。この運動は、いわば社会改善事業であり、従前の金品を与えることで貧民を救済するという次元を超えて、教育、育児、授産、医療など生活全般にわたって、地域住民の人間的なつながりを豊かにし援助する運動・事業です。その主催者が地域の住民であり、地域に住み込むこと（セツル・settle）をとおして地域住民とつながり、地域に人間的な豊かさをつくろうとする社会活動がセツルメント運動です。

その歴史的原点は、オックスフォードとケンブリッジの大学生たちが、ロンドンのイースト・エンドにあるトインビー・ホール（一八八四年にＳ・バーネットらが建設）に住み、貧困な労働者たちとつながり、生活支援や生活改善の運動を行ったことに発しています。日本では、明治時代に片山潜（日本労働運動の先駆者）が、一八九七（明治三〇）年に東京・神田に設立した「キングスレー館」が最初のセツルメントであるといわれます。

このセツルメント運動では、地域住民に対して「食事提供」が行われていました。この「食事の提供」だけが活動内容ではなく、人々（子ども同士、子どもと大人、大人同士）が人間的なつながりを回復させることが主催者の願いでした。このような取り組みは、一九七〇年代にも引き続き行われていました。神奈川県の「横須賀基督教社会館」では、月二回程度の開催ですが、住民一般や一人暮らしの住民、寝たきりの高齢者などを対象に給食や配食が行われていました。

また、大阪の西成区でも一九七七年には「こどもの里」が作られ、子育て支援の事業が行われていました。一九九五年になると、「子どもの里」を基盤に自治体の他の機関や施設、関係者との連携を強化して、子どもや保護者の生活を守ることを目的とした「あいりん子ども連絡会」を組織しました。支援団体が大阪市内の区、学校、保育所、救護施設、病院等との連携を促進しました。その後、二〇〇〇年には、「わが町にしなり子育てネット」を結成し、個々の子どもや保護者に即した支援計画や、関係支援機関等による情報交流が密になっているといわれます（吉田祐一郎「子ども食堂の意味と構成要素の検討にむけた一考察」『四天王寺大学紀要』第六二号、二〇一六年九月）。

吉田氏は、「子ども食堂」を「地域における子どもを主体とした居場所づくり」として位置づけています。「子ども食堂」を、それまでイメージされていた単純な観念である「貧民救済」施設としてしまったら、多様な生活環境のなかで暮らす多くの子どもたちや市民は、そこに集うことができなくなってしまうからでしょう。

以上のような歴史から、今日の「子ども食堂」につながる地域・市民による住民相互による生活支援の活動は、一八五〇年以降の今から三五〇年ほども前に始まっていたことがわかります。現代社会においては、低賃金の労働、早朝出勤と遅い帰宅、長時間労働、相対的貧困の高さの未解決、不安定雇用などが続くなかで、「子ども食堂」は、健康な地域・市民生活を支える保育園、学校、病院、公園などと同等のインフラストラクチャー（社会を支える基盤）になりつつあるように思われます。

日本における今日の「子ども食堂」の現状と目的・目標

二一世紀の今日において、「子ども食堂」は、二〇一二年頃を出発点にして、年々急速に拡大・発展していったといわれます。「子ども食堂」という名称は、二〇一二年に東京都大田区で「気まぐれ八百屋だんだん」を経営する近藤博子さんがつけたのが最初とされています（湯浅誠「子ども食堂の過去・現在・未来」『地域福祉研究』No.7、二〇一九年二月）。湯浅氏自身も、「子ども食堂」を支援する運動をおこし、二〇一八年に「特定非営利活動法人全国こども食堂支援センター・むすびえ」を設立し、理事長に就任しています。「むすびえ」は、「子ども食堂」の設置や運営をサポートするNPO法人です。湯浅氏は、「子ども食堂」の社会的意義を、①「地域の交流点」と、②「子どもの貧困対策」との二つの点においています（右の湯浅誠論文）。

日本全国の「子ども食堂」の数は、二〇一六年には三一九か所、二〇一八年には約七倍の二二八六か所、その一年後の二〇一九年には三七一八か所と急速に増え、最近年の二〇二一年には六〇一四か所と一年間で一〇五四か所も増えています（「むすびえ」の資料による）。

このように「子ども食堂」が急速に発展している歴史的背景には、国際的・国内的な政策の発展動向もあるのだと思います。国際的には、二〇一五年に国連がSDGs（持続可能な開発目標）を策定しました。その「目標の1は、貧困をなくそう」、「目標の2は、飢餓をゼロに」、「目標の3は、すべての人に健康と福祉を」です。この三つの目標のなかに、「子ども食堂」の願いが込められているのだと思われます。すなわち、①貧困家庭の子どもへ無償、あるいは低価格で食事を提供すること、②栄養のバランスがとれた食事を提供すること、③栄養状態の改善や安全な食事提供によって、健康な生活習慣を育むこと、です。

このように健康で安全な楽しい食事や暮らしをしたいというのは、すべての国民にとっての共通・普遍の願いです。

日本における「子ども食堂」を支える法制や政策は、以下にみるとおりです。

日本では、二〇〇九年に厚生労働省による「子どもの貧困」調査やその公表が行われはじめました（『国民生活基礎調査』）。その「貧困」の歴史的要因として、①今日の社会経済情勢の不安定さ、②「非正規雇用」の拡大、③離婚家庭の増加などによる「一人親の家族」における収入の低下などが、指摘されています。

二〇一三年六月には、政府は「子どもの貧困対策の推進に関する法律」を制定しました。その第1条では、「子どもの貧困対策を総合的に推進する」（第1条）とし、「子ども等に対する教育の支援、生活の支援、就労の支援、経済的支援の施策を、子どもの将来がその生まれ育った環境によって左右されることのない社会を旨として講ずることにより推進する」（第2条）としました。さらに、「子どもの貧困対策は、国及び地方公共団体の関係機関相互の密接な連携の下に、関連分野における総合的な取り組みとして行われなければならない」（同第2条2項）としています。

この法制の下で、翌年の二〇一四年八月二九日の「閣議」で「子供の貧困対策に関する大綱～全ての子供たちが夢と希望を持って成長していける社会の実現を目指して～」を策定しました。この「大綱」のなかでは、「現在、地域等で広く子どもの貧困対策が進んでいることも鑑み、国、地方公共団体、民間の企業・団体等が連携・協働して取り組むとともに、積極的な広報・啓発活動等を行うことにより国民の幅広い理解と協力を得る等、子どもの貧困対策を国民運動として展開する」ことを提起しています。「子ども食堂」も、この「国民運動」の一環として位置づけられるでしょう。

さらに、二〇一五年一二月に内閣府に設置された「子どもの貧困対策会議」では、「すべての子どもの安心と希望の実現プロジェクト」を決定しました。また、それに先だって、二〇一五年一〇月には、「子供の未来応援基金」の制度が作られました。この「基金」は、企業や個人に寄付を募り、集まった寄付金は国民運動推進基金事務局（内閣府、文部科学省、厚生労働省、日本財団で構成）において選考し、そのうえで地域における「子ども食堂」をはじめとした放課後の居場所支援活動や子どもや保護者に対する多様な生活・教育支援のための取り組みに対して助成するという方法で活用されています（前掲の吉田祐一郎氏の論考を参照）。

以上のように、個々の家庭の事情に即した子どもの生活・教育の支援は、家庭や子どもの具体的な生活実態に応じて、「国・地方自治体と民間との協力・協働」なくしては、進めることができないということが示されています。さらに具体的・制度的な対応策（助成金や自治体の組織の充実など）は、これからの政治的・政策的な課題として残されている現状です。

子ども一人、あるいは子どもたちだけの「孤食」や放課後の生活は、子どもたちの「生きる力」、「自己肯定感や自信の獲得」という人間発達を損ねるものです。それはまた、人間的な生活基盤である日本社会全体の発展を阻害、衰退させる要因にもなりかねません。

今から三五〇年前ころにイギリスではじまった「子ども食堂」に似た運動は、今日の日本において非正規雇用などを蔓延させ、年収二〇〇万円程度の賃金しか保障しない日本社会の現状に対しても、日本の未来展望を切り開く問題提起の力を内蔵しているように思われます。

第三章　人類史のなかの食と食思想

第1節　人類史における食と人間発達

人類史からみた「食」の営みの発展

人類史の研究は近年、大いに盛んになっていますが、その確定的で総合的な知見は今後とも長い時間を要するものと思われます。

人類が今から七〇〇万年前に、直立二足歩行を始めた要因についても諸説があります。多くの説は、「樹上の果実は限りがあり、食を得るために地上に降り立った」（ダニエル・E・リーバーマン『人体六〇〇万年史』早川書房、二〇一五年、ジャック・バロー『食の文化史』筑摩書房、一九九七年など）というものです。

別の説では、次のようにいわれます。「第三紀後期（約二〇〇万年前）には、森林地帯が減少し、草食性のサバンナがこれに置き換わっていた。このために、ヒトの祖先は地上生活者とならざるを得なかった」とA・ローマーはいいます。すなわち、「ヒトが樹木を離れたのではなく、樹木がヒトを置き去りにしたのである」（木村資生『生物進化を考える』岩波新書、一九八八年）といいます。

人類史のなかで、最も長く続いた食料の獲得は「狩猟・採集」によるものでした。狩猟採集民は、速足で一日二〇キロ以上に及ぶ距離を移動しながら、食物を調達しなければならなかったといわれます。この「狩猟・採集」は、今から約一万年前に「農耕と牧畜」が始まるまでの約二〇〇万年の間、人類の主要な生存戦略でした（篠田謙一編『別冊・日経サイエンス』二四二号、「人間らしさの起源、社会性、知性、技術の進化史」日経サイエンス社、二〇二〇年一二月）。

今から二〇〇万年前ころには、石器の製作も行われ、その「石鎌」を使って狩猟した動物を解体して仲間で分け合うという共同生活をしていました。また、ちょうどそのころには、火を使うこともできるようになって、肉を焼いて食べるようになったといわれます。この肉の栄養と高エネルギーによって、人類の「脳の進化」が加速されたともいわれます（リチャード・ランガム『火の賜物――ヒトは料理で進化した』NTT出版、二〇一〇年）。

現生人類のヒト（ホモサピエンス）は、一五万年～二〇万年前にアフリカで誕生し、三万八〇〇〇年前に日本列島に到達したといわれます。「縄文人」の時代は、今から一万五〇〇〇年くらい前から始まり、「弥生人」の時代は紀元前五〇〇年頃から紀元後三〇〇年の間の八〇〇年間続いたといわれています。

縄文時代の後期には狩猟・採取にとどまらず、「園耕農業」も始まっており、野菜などを育てていたようです。青森市にある「三内丸山遺跡」（ユネスコによる世界遺産登録、二〇二一年七月）は、縄文時代（紀元前約五九〇〇～四二〇〇年前）の遺跡であるといわれますが、そこでは栗を食料として食べるために栗の木が植林されていたといわれます。

この縄文時代の初期の頃、およそ一万六〇〇〇年前ころから日本列島において世界に先んじて「土器」が発明され、次々と用途に応じた土器がつくられていきました（ウィキペディア「日本列島の狩猟採集時代の食事」、鈴木光太郎『ヒトの心はどう進化したか』ちくま新書、二〇一三年）。やがて、コメを蒸して「おこわ」にして食べるということも「発明」されました。土器で作られた釜を用いて「調理」するという生活は、まさに「革命的な出来事」であるといわれます。

三内丸山遺跡

歴史学者であるフェリペ・フェルナンデス・アルメスト（イギリス）は、「調理の発明は、革命的なことである。それは、人間が自然から「自己分化（主体化）」したことを示す出来事であり、人類の歴史の幕開けを告げる出来事である」と述べています（F・F・アルメスト『食べる人類史』早川書房、二〇一〇年）。

また生物人類学者のリチャード・ランガム（ハーバード大学）は「調理とは、人の能力の総結集されたものである」「調理し料理を食べることは、人類の「人間性の指標」である」と

縄文人

述べています（リチャード・ランガム『火の賜物――ヒトは料理で進化した』NTT出版、二〇一〇年）。

また、進化心理学のロビン・ダンパー（イギリス）は、「調理して料理を食べることは、人間を人間化するインパクトである」と、その人類史上における革命的な意義を述べています（ロビン・ダンパー『人類進化の謎を解き明かす』インターシフト社、二〇一六年）。

日本においては弥生時代になると、灌漑をして田に水を入れて稲作が行われ始めました。これは、渡来した中国の黄河地域の人々から学んだ文化のようです。こうして、「食料採取」の生活から「食料生産」の時代が切り開かれたのです。それは、人類史上の「革命的転機」であるともいわれます（ゴードン・チャイルド『文明の起源』上・下巻、岩波新書、一九五一年）。それは、動物はせいぜい食物を採取し集めるだけであるのに、人間は食物を「生産する」という意味において、人間の本質的な特質を示すものです。その人間性が開花されたという意味で「革命的」です。

縄文時代の後期は、世界史的には、五〇〇〇年前に栄えたメソポタミア文明の時代と同時期です。日本においても、「食料生産」の時代は、メソポタミア文明と同じように「定住革命」をもたらし、多くの人が集まることによって「食料の大量保存」が可能になりました。縄文人は二六万人が生存し、弥生人は六〇万人にまで増えたともいわれます（臼田秀明「知は地球を救うNo.2、人類進化の七〇〇万年」『帝京大学研究紀要』二〇〇九年三月）。

このようにして、余暇も生まれ人間の生活様式も多様となり、社会を組織するという社会的行為や協同生活行為も豊かになっていきました。

「食」による人間性の発達

以上にみてきたように、人類は食（生産・調理）の営みをとおして、環境に縛られた状態から自己を解放し、自分の人間性（願いや意志）を主張し、「人間としての自分そのもの」を作っていくとともに、互いに協力して働くという「協同の能力」（人間関係能力）を身につけていきました。「共食」（文化）も人間の本能ではなく、「協同」（協働）のなかから生まれた「文化」なのです。以下に、これらの「食による人間性の発達」を箇条書きで、まとめておきたいと想います。

① 狩猟・採取にせよ、食料生産にせよ、食の営みは、協力・協同（協働）の力を人間性として培っていきました。

② その過程のなかで、言葉を創造し、コミュニケーションの能力を身につけました。

③　その活動経験は、慣習や禁制などの社会的・文化的な遺産となり、社会を創造していく文化や能力として発展・発達していきました。
④　それは同時に、自己の後継者である子どもの教育や学習内容となっていきました。
⑤　このような、食（生産・調理）のための「労働」と「協同」と「コミュニケーション」は、脳の発達を促すとともに、人間の自己認識能力を高め、価値判断や社会への適応・調節能力を進化させ、社会創造の力を賦与することになりました。
⑥　以上のように、食料の採集・生産・調理・共食という生命維持の社会的活動が「人類の進化や人間発達」を促し、対自然・対社会への人類・人間の適応能力を発達させ、今日のような文化・文明を築くことに至る歴史的土台でした。

プラトン

第2節　先人たちにみる食思想

この節では、古代（紀元前）から近代までの世界の哲学者、教育学者などの先人が、「食」の営みをどのように考えていたのかをみていきたいと思います。「食」とは人間にとってどんな意味をもっていたのか、「食の教育」をどのように企て実践したか、「共食」はどのように人間性を発達させたのかなどについて検討するということです。

古代ギリシアのプラトンの「共同食事」（実践と思想）

麦などの作物が栽培されるようになった紀元前一〇〇〇年以上の昔、地中海の東にあるクレタ島では「共同食事」が一大文化となっていました。そのクレタ文明が絶滅した後、ギリシア本土にアテネやスパルタ人の都市国家（ポリス）が発展していきました。アテネの首都アテナイに住んでいた哲学者のプラトン（BC四二七〜三四八）は、ソクラテスの弟子でしたが、その著書『国家』などで、「共同食事」について触れています。また、自分がつくった学校（大学）である「アカデメイア」でも、「共同食事」（シュンポシオン）を学校行事（教育活動）として実践しました。

このアカデメイアでは、毎月一回、また折に触れて「共同食事」が行われました。二八人の学生たちが食堂に集まり、馬蹄形に並べられた寝椅子に座ります。第一部は食事、第二部はミューズ（学芸の神）に酒（ブドウ酒）を捧げ、参加者も乾杯です。食事内容は、パン、チーズ、野菜の煮物、デザートに無花果《イチジク》、豌豆《えんどうまめ》、そら豆など、とても質素なものでした。

第二部の酒（ブドウ酒）の時間になると、本格的な哲学的談義・談論が展開されるのです。この真面目な談論じたいが「高級な遊興」と考えられ、意識的に営まれました。

これは、プラトンがソクラテスから学んだことのようです。「ソクラテスは滅法、酒にも強いが、（哲学論議に明け暮れて、）決して酔っぱらったり、酔いつぶれたりすることはない」と書かれています（プラトン『饗宴』)。このように、アカデメイア(学校)の「共同食事」は、「くつろぎと会話の楽しみを求めて、お互いが愉快に交わることであった」と記録されています。

プラトンは、「人間の美」として「徳」「賢さ」「協同する心」を大事にし、人々がそうした人間的な営みを意欲し、その人間としての潜在的能力を発揮し実現できるようになることを願っていました。また、ポリスを治めることができる「市民の結合や親愛の関係づくり」が発展していくことを願っていました。その一つの生活文化・教育文化が「共同食事」という意識的に営まれた活動であったのです。

以上のように、今から五〇〇〇年以上も前から意図的に行われていた「共同食事」の文化は、まさしく今日の人々が求める学校給食・食教育の一つの潜在的源泉です。その人間的精神は、「人々が気心を通じ合い、交流しあう精神」、「協同しあう心」を育む文化(生活意識、生き方)であったのです。

栄養・味覚から人間を考えたアリストテレス

ギリシアの北隣にあるマケドニア出身のアリストテレス(BC三八四〜三二二)は、青年の頃、プラトンの弟子となりました。哲学ばかりではなく、天文学、生物学など自然科学も研究した「万学の祖」といわれます。彼もまた「リュケイオン」という学園を創設し、「共同食事」をそこでの教育活動の一つとしました。

それにとどまらず、自然学の立場から、人間における「栄養・味覚の発達が、知性や理性を育むものである」と、洞察しました("De Anima":デ・アニマ「生命について」という著作において)。この考えは、後のフレーベルなどにも影響を与えました。味覚などの感覚が知性や理性の発達につながることは、本章第1節でみたとおりです。

アリストテレスの「共同食事」に込められた意図・意味は、その著『政治学』にみられるように、「民主政」の担い手・主権者を育てることをめざすものでした。彼は、クレタ文明やラケダイモン国（スパルタ人のポリスの名称）では、政治家たちが「共同食事」を立法化して国（ポリス）の制度としたこと。そして、そこでは「共同食事」にかかる費用は、公の予算で負担し、男女、大人、子どものすべてが参加できるように工夫されたと、記しています。

「民主政」とは、何よりもまず人間の命と生活を確保すべきものであり、他民族の侵略に当たっては、一致団結して自分たちの生活圏を守ること、そのためにはまた、市民は平等でなくてはならないと、記しています。このように、アリストテレスにとっては、「共同食事」はポリスの民主主義的な存続・発展を守るという国政レベルの課題にもつながる人間固有の生活文化の営みであったのです。

アリストテレス

アリストテレスは、人間の能力を次のようにみていました。すなわち、人間の感覚（いわゆる五感）は、感覚を感覚すること（自覚すること・内部知覚）をはじめ、すべての感覚を総合して、全体的表象（イメージ）や能動的な想像力・構想力（ファンタシア）をもつことができるとします。その力をもとに思考する、配慮する、主体的な意欲・意志をもつ、未来を展望するなど、創造的な視野、判断力や行動力をもつにいたるといいます。

つまり、人間は「総合的な感覚」「共通感覚」、すなわち、一つの食べ物を目で見る、臭いをかぐ、触る、味わう、新しい欲求をイメージするなどをもって食べているというのです。

「ファンタシア」は、すでに感覚から触発される知的能力であり、食にかかわるさまざまなことを知り、仲間と交流し協同する（共同食事をする）ことによって、知性・理性の発達の土台がつくられるということを、アリストテレスは「De Anima：デ・アニマ」（『アリストテレス全集』第七巻、岩波書店）という論文で論証したのです。人間は主体的・能動的に「食」に向かい、仲間たちと共同食事をすることによって、人間的な諸感覚は「ファンタシア」に発展し、生きることへの総合的なイメージや認識意欲を獲得させ、人間の発達を促進させるというのが、アリストテレスが言いたかったことであると思います。「共同食事」は、そのように人間発達の原点であり、母胎であったのです。

コメニウスの「幼児・保育園の食育」についての提案

ヨハネス・アモス・コメニウス（一五九二〜一六七〇）は、今のチェコスロバキアに生まれた人で、「近代教育学の祖」といわれます。いわゆる「三〇年戦争」（一六一八〜四八年、ドイツ・神聖ローマ帝国を中心に行われた宗教的・政治的諸戦争）のために、祖国を追われ、東欧・北欧や英国などを放浪しつつ、今に残

コメニウス

る『大教授学』や『世界図絵』など多くの著作を刊行しました。ロック、ルソー、ペスタロッチ、フレーベルなどに先立って人間的で民主的な教育学や食育論を創造したのです。母親や乳母の育児法、保育園の教育に加えて、「食育」までに想いを馳せていたことに驚嘆します。

コメニウスは、〇歳から六歳までの子どもを「幼児教育」の対象とし、とくに「健康な養育」をその基本に据えました。たとえば、「実母による授乳」をすすめ、過度の美食を避けること、乳幼児にふさわしい離乳食・食生活を考えること、自然界を歩かせ、自分の目でよく観察させることで事物を識別する力をつけようと強調します。

このように、子どもの経験的・感覚的知覚を重要視して、五感をとおして「生きること」を理解し認識させることに重点を置きます。これは、いわゆる「直観主義教育」の思想であり、言葉ではなく「実物」による教授（「実物教授」Object lesson）です。この教育思想は、いわゆるエリート学校で行われていた古典語（ラテン語やギリシア語）の教育や、概念を詰め込むのではない「新しい人間教育の思想」を切り開くものでした。

また、コメニウスは、母親や「母親学校（保育園）」においては、「食育」を重視しました。その要点を、次のように語りかけます。

①「よく食べ、飲み、眠り、消化して成長しているか」を押さえること
②食を軸に「事物」の識別ができるようにすること。たとえば、「粥、パン、肉、水、火，風、冷・暖、人間、犬、猫、などが何かを理解すること」
③石、砂、粘土、樹木、枝、花など「自然の中の事物」を区別できるようにすること
④「果物の種類」「身体の名称」を知ること
⑤「子どもたちを農場、牧草地、製粉所や水車小屋に連れて行く」
⑥「秋にはブドウなどを収穫する」等々

このように、今日でも行われているような、豊かな「食育」活動を例示しています。

以上に示されるように、「保育園」では、さまざまな「事物」を見、聞き、触れ、味わうことをとおして、外部の対象を知覚・識別する力を身につけようとしています。

さらに、少年期には、読み書き能力を育てて人間としての内部感覚（記憶力、認識力、判断力）を豊かにし自発性・自主性を発揮できるようにする。青年期には、新しい社会を創造し改革する行為者として人間発達することを展望したのです。

当時の上流階級の教育が古典語と言葉の暗記に終始していたのに対して、コメニウスの保育・教育思想は、幼児や子ども自身による人間発達を主眼にした近代の民主的な保育や教育を切り開く思想を土台とするものでした。その「食育論」も、食事の行儀や作法などではなく、食にかかわる「自然の事物」や「食べ物自体」を認識させ、「農場や製粉所」を見学させて、食の成りたちを学ばせようとする今日につなが

る新しい見地に立つものでした。

ルソーの「食と人間形成」論

スイスの時計屋さんの息子として生まれたジャン・ジャック・ルソー（一七一二〜一七七八）は、若いころ、フランスに旅立ち、百科全書派の思想家（ヴォルテール、ダランベールなど）たちとも交流しながら大いに学び、「自然礼賛」「自然に帰れ」という斬新な哲学を世に問いました。よく知られた著作に『エミール』（一七六二年）があります。エミールという主人公の幼児から壮年期に至る教育論を述べた本で、ルソーの思想を集大成したものといわれます。エミールの少年期（第二〜三編）には、「食育」論が書かれています。

ジャン・ジャック・ルソー

ルソーの「食育」論の前提には、フランス革命（一七八九年）に象徴されるような古い社会体制（アンシャン・レジーム）から新しい民主的社会への発展を洞察・展望し、その担い手はどんな人間であったらよいのかという人間像・市民像を提起しようという課題意識があったのだと思います。ルソーが抱いていた人間像は、「農夫のように働き、哲人のように考える」全面発達した人間でした。ここにおける人間の「全面発達」とは、人間の生存に不可欠な生産労働を基礎にして「自己認識」「他者認識」「社会・世界認識」を体得した「民主的主権者」の姿をさしています。

ルソーはこのような新しい民主的人間が育つようにするには、幼少期においては、「食育」が大事であり、この食育活動をとおして、子どもが「自己認識」を深め、未来の主権者としての「自己形成」を図る力を身につけることが可能だと、洞察したのだと思います。

そのような子ども自身がもってほしい人間像と自己形成像の実現をめざすルソーの食教育論は、子どもみずからが次のような能力を身につけることでした。

① 自己保存に必要な適切な食物を選べること。
② 味覚と胃袋（からだ）で、それがわかること。
③ 自然の好み（味覚）を育てることによって、好き嫌いを生じないようにすること。
④ 健康な食欲を育てること。
⑤ 自分の食卓に見られるすべてのものが、どれだけの人々の手を通ってきたかがわかること。

上記の①の「自己保存」とは、自分の生命や健康を維持発展させることです。②と③では、田舎風の素朴な食材・食品が良いとしています。加工されすぎたパン、ケーキ、乳製品は良くないといいます。⑤は、農業や食の生産など社会面を学ばせようとするものです。これらは、表現や言葉はともかく、内容的には現代の学校給食法などと同趣旨であることに驚きを感じます。

以上にみたように、ルソーの考えは、子どもたちが自分の体と心をとおして食物（自然や文化）を知り、自分（人間）を認識し、食物生産（社会・経済・政治）を知り、自己教育できる人間を育てることでした。

すなわち、ルソーの食に関する教育論は、「食教育」＝「健康教育」＝「政治教育」（主権者教育）という総合的な関連をもつものとして提起されたものであると理解することが肝心です。

「食は人格形成の原点」としたペスタロッチ

ヨハン・ハインリヒ・ペスタロッチ（一七四六～一八二七、教育家）は、スイスのチューリッヒ生まれです。父親は医者でした。貧しい人からは診療代を取らなかったといいます。母親も信仰心のあつい優しい人であったといわれます。

ペスタロッチ

ペスタロッチの人生は、フランス革命（一七八九年）が起こるという激動のなか、波乱万丈でした。初めは法律家をめざし、その後、農業の仕事をしますが失敗し、孤児院の仕事につきました。五三歳のとき、はじめてブルクドルフ小学校の教員になれたのです。その後、八一歳で亡くなるまで二八年間、いくつかの学校の教員を務めました。

三〇歳代から新聞社の仕事もし、「食」については『スイス週報』（『ペスタロッチ全集』第二巻、玉川大学出版）で多くの記事を書いています。ペスタロッチは、このころすでに、「食は人格形成の土台」であると論じています。今から二四〇年ほど前のことです。

ペスタロッチは、ルソーの『エミール』を読み、そのような教育を実現したいと願っていました。そして、知識の詰め込み教育ではなく、「実物教育」「直観教授」を提唱しました。すなわち、子どもの経験や自発性を重んじ、生活用品などの実物を用い、感覚に訴えて学習の促進を図る教授方法を提唱し推進しました。この点では先にみたコメニウスと同じ教育観をもっていました。

このような見地に立って、乳幼児から子ども時代においてこそ、人間としての最も基礎的な生活をすることで人間は人間となると訴えました。

すなわち、家庭生活のなかで、①「生きることの意味や知恵」を知ること、②「人間の幸福とは何か」を実感できるようにすること、③「仲間のなかで自分が有益な人間となることを学ぶ」ことが大事であるとします。これらを土台に、「道徳心」や「自分で考える力」が発達すると、ペスタロッチはいいます。

しかし、社会の現実に目を向けると、このような親子の「対話・交流」、「家事労働の協同体験」は貧困であると案じています。こうした現実のなかで、子どもの人格形成における「食」の意味を、次のように洞察しました。

「人間の最初の欲求は、身体的・感覚的なものである。しかし、それはまた、人間人格のすべての発達の基礎である。幼児は飢えて、手をパンやミルクの方へ伸ばす。それらに手を差し伸べる親に対して感謝と愛とを学ぶ。やがて、パンを自らの努力で得る労働を学ぶ。知性・理性の原点は、このような生命の欲求を土台にして発達する」、「今の子どもは、パンがどこから来るのかも知らない。これこそは現代教育の欠陥の中心点である。これを知らないで、人間の知識とはいったい何であろうか」。

このように、ペスタロッチは子どもの成長・発達を見つめながら、「食は人格形成の原点である」と、洞察したのでした（『スイス週報』所収）。

食べることを単なる嗜好の手段とし、教育をテストのための知識主義・言葉主義の「教育」に貶めたのでは、子どもたちの人間として生きる能力や人格形成は、到底、実現することは不可能でしょう。

世界初の幼稚園をつくったフレーベルの食育論

フレーベル

フリードリヒ・フレーベル（一七八二〜一八五二）は、ドイツのチューウーリンゲン州の牧師の子として生まれました。少年期は進学する経済的余裕がなく、山林局の書記、測量士の助手など転々としました。一七歳でイエーナ大学の哲学科で学び、その後、学校教師も務めました。二三歳のころ、ペスタロッチの学校を訪ね二年間、そこで学びました。

その約一〇年後の三四歳の時、自らの「学校」を開設しました。その経験の上に立って、一八三七年、五六歳の時、世界最初の「幼稚園（一般ドイツ幼稚園）」を創設したのです。フレーベルは、この幼稚園を"Kinder

Garten"（キンダー・ガルテン：子どもたちの菜園）と名づけました。ここで、フレーベルはじつに多彩な「食育」活動を実践・実現させました。フレーベルのその実践は、彼の著作『母の歌と愛撫の歌』（一八四四年）に収録されています。

たとえば、園庭や花壇、果樹園に植えた花々に水をやったり、子ども一人一人に九〇センチ四方の菜園を用意して、好きな花や野菜を植え、育てさせたりしました。また、パン屋さんの仕事を見学させ、子どもも自身にお菓子作りをさせたりしました。それらをもとにして、食に関する歌やお遊戯などをたくさん作りました。

こうした活動によって、フレーベルは社会の「垢《あか》」にまみれない、子どもの本性（自然的な感覚・感性）を最大限に引き出し、発達させようとしたのです。このような活動と結びつけて、フレーベルは「味覚を育てる」「食べ物を作ること」をたいへんに重視しました。また、フレーベルは、子どもの本質を「神的なもの」ととらえ、園丁《えんてい》（庭師）が植物の本性に従って水や肥料をやって成長させるのと同じように、命令的な「しつけ」や強制を廃し、子ども自らが成長・発達する意欲を助成しようと考えたのです。それが「子どもたちの菜園（キンダー・ガルテン）」という言葉の真意です。幼稚園の先生は、まさしく「園丁」なのです。子どもの自己成長の道をつくり整備する人なのです。

こうして、フレーベルは、彼本来の食育思想を確立していきました。その核心は次のようなものです。「食事や味覚の発達は、物事の本質とか、魂や精神を活気づけるものと、破壊するものとを識別する感覚を育てる」。「子どもは、その味覚の発達によって、ものごとの本質や精神を認識する善良で繊細な趣味・感覚の持ち主になることができる」と確信しました。

また、「食事には「共同生活」や「協働すること」が不可欠であり、それによって、子どもの社会性や社会的創造性を身につけていく土台が用意されるのである」と論じました。そして、「これらの土台の上にこそ、人間的な知性や理性が発達する」と、強調しました。

フレーベルのこのような確信は、人類史を貫く不変の人間的真理・真実であると観じます。食事や食教育の実践をとおしての、このような確信的な人間性と人間発達の認識は、じつに貴重な保育や教育・食育の成果です。歴史的普遍性や歴史貫通的なこのような知見を多くの人々が共有できるようになることが大事であると思います。

食事という日々の生活過程のなかに、このような人間性や人格形成にかかわる、きわめて深い価値が伏在していることを心にとどめ、すべての人々がそれをみずからの内に、つかみ取ってほしいと願わずにはいられません。

ジェームズ・ミル

「食」を知性・徳性の原動力と考えたジェームズ・ミル

古代から近代社会までにおける「食と人格形成」について論じた人々を紹介してきましたが、もう一人の産業革命の時代を生きたジェームズ・ミルの食についての考え方に触れたいと思います。

ジェームズ・ミル（一七七三〜一八三六）は、英国のスコットランドに靴屋の子どもとして生まれました。その息子は、ジョン・スチュアート・ミル（一八〇六〜一八七三）です。この息子のほうが、よく知られているのではないかと思われます。その父のジェームズ・ミルは哲学、歴史学、経済学などを研究した思想家です。

ミルが生きていた一八世紀後半から一九世紀の半ばごろは、産業革命のまっただ中で、貴族階級（大土地所有者や工場主など）は知徳（知性と徳性）を軽視し、労働者たちに権力をふるって低賃金で過重労働を強制し、多くの民衆やその家族は貧困にあえいでいました。ミルはこのような社会の改革を願って教育の在り方を考えていました。その足跡は『教育論・政府論』（一八一八年、一八二四年、岩波文庫一九八三年刊行）に収録されています。

ミルは知性や徳性の発達の原点をなすものは、「食」であり、そこに知徳の形成の典型があるとしました。そして、その「食」と知徳は、全体的な体系をなす知性や徳性に発展していくとしました。人間にとっての食物・食事・味覚は、快感や幸福感などさまざまな観念（知徳）を生み出し、家族や友人との社交の喜びを生み出します。ミルはこれを「複合観念」と呼びます。このようにして、「食」や味覚は、人間的な知性や徳性を発達させる「土台」をなすとしました。これは、「貧しい食事が様々な精神的不満や勉強意欲の低下など知性の働きを阻害することなどを想えば、よくわかることだ」とします。

こうして、ミルは「学校教育」においては、「知性、自制心、博愛心」の形成を主目的とし、「労働、食物生産、生活のあり方」、そして「身体・健康・食の改善」を考え遂行することが不可欠であるとして、これらを教育改革の目標に据えています。このような確信に立って、ミルは、「良き食事は、良き教育の必要部分である」と信条告白をしています。このミルの言葉から食の教育が近代学校に必須の制度的要請であり、民衆の社会的要求でもあったことがうかがわれます。産業革命の苛酷さが人々の人間存在への願いを強めていったのです。

ミルの時代から、スコットランドでは民間の慈善団体による給食事業が増え、一八七〇年の初等教育法の制定を契機に、学校給食を求める全国的な要求運動が高まっていきました。

F・エンゲルス

肉食の人類史的な意味を洞察したエンゲルス

フリードリッヒ・エンゲルス（一八二〇〜一八九五）は、ドイツ（プロイセン）の西部ライン州のバルメンという街に、綿紡績工場の長男として生まれました。父の仕事の関係で、イギリスのマンチェスターでも生活し、労働者たちの社会調査に情熱を傾け、二〇歳の半ばには、歴史に残る『イギリスにおける労働者階級の状態』をまとめました。このころから、三歳年上のカール・マルクスとの深い友情に結ばれて、生涯をかけて人間の発達を支える社会主義社会を構想しました。

一八七六年、エンゲルスが五六歳のころに、有名な「猿が人間になるについての労働の役割」という論文が雑誌に発表されました。

確かに今から二四〇万年前に「ホモ・ハビリス」という類人猿が出現し、石器で死んだ動物の骨を砕き、その「骨髄」を食べていたといわれます。一八〇万年～五万年前には、「ホモ・エレクトス」という類人猿が出現し、「狩り」を主とする肉食をし、肉食は人類の「脳の成長」を速めたということが今日の通説となっています（NHKスペシャル『人類誕生・第1集』二〇一八年四月八日放送）。

エンゲルスは、今から約一五〇年前に、次のように上記の論文を書いています。

「猿から人間になるうえでの重要な一歩である肉食は、身体の物質代謝のために必要な、最も重要な物質をほとんどそっくりそろった状態で含んでいた。一番重要なことは、肉食が脳髄に及ぼした作用であり、脳髄はいまやその栄養と発達とに必要な物質を以前よりもはるかに豊富に受け取るようになり、従って世代から世代へとますます急速に、また完全に発達することができた。……採食主義の先生がたには失礼だが、肉食なしには、人間は成立しなかったのである。」（エンゲルス「猿が人間になるについての労働の役割」大月書店、一九六五年）

この「肉食の原点」は、人間の労働と手と知能の発達にあると、エンゲルスは強調しています。この文章に続けて、エンゲルスは二つの決定的に重要な人類の新しい進歩が生まれたといいます。その一つは、「火の使用」です。それは、食物を火で調理することで、半ば消化した状態で食べることになり、消化過程を短縮したといいます。もう一つは、「動物の飼い慣らし」です。こうして、規則的な肉食の供給源を確保し、加えて牛乳や乳酸品という肉と同等の価値ある食料を獲得できたといいます。このようにして、動物の飼育はまたさらに農耕作業を促進させ、そこから紡績をはじめ近代的工業、科学技術への発展とともに、近代的な国家形成に至ると人類史を綴ります。

むすび――人間発達の土台をつくる「食」の思想――

プラトンからエンゲルスまで八人の哲学者や教育者の「食の思想」をみてきました。これらの先人たちの「食の思想」は、今日においても完成しているものではないと思います。人間が食物、食事、共食、農耕などをとおして人間性を開発し発展・発達させていく事実は、今日の給食や食育活動をとおして、さらに探求していきたい課題であると思います。とくに、アリストテレスのいう「食」や「共食」が「人間の想像力や構想力という創造的・発展的に生きる力」を触発させるという「ファンタシア」論や、フレーベルのいう「食事や味覚の発達は、人間的な知性や理性を発達させる」という幼児や子どもの発達の姿から得た洞察は、傾聴に値する「洞察」であり「思想」であると思います。

第四章　イギリスにおける給食運動と法制の展開

第1節　近世から近代にかけての給食運動

「救貧法」体制と慈恵的給食の運動

学校給食は、学校制度の発展と不可分な関係において開発された社会的な活動でした。近代的な学校制度が確立するのはイギリスでは遅く、一八〇〇年代後半のことです。それ以前の一六〇〇年代前後から、教会などによる「学校的」な教育機関が生まれ、子どもへの教育活動が営まれていました。そのような教育機関や学校制度が発展・拡大していくことと相まって、子どもの生活実態がよくみえるようになり、給食の必要性が認知されるようになりました。そのなかで、民間人の発意によって給食事業の実施や運営組織の構築が行われていったのです。

イギリスでは、ようやく一九〇六年に「教育（給食）法」が制定されて、地方議会や行政機関による本格的な学校給食の政策や実施体制が作られました。それは、エリザベス一世の「救貧法」（一六〇一

スラム街の少年・少女
（G.A.N.Lowndes, The Silent Social Revolution, 1937）

年）による「労働の強制と貧しい食事の提供」の時代から数えて、三〇〇年後のことでした。

しかし、救貧法体制によっては、人間的生活に対する社会的不安は消えず、将来への明るい展望が見えるような賃金の確保や家族の食生活の保障などは、成り立ちませんでした。

こうした極貧生活のなかで、子どもたちに「物乞い」や「窃盗」の習慣をやめさせ、しっかりした「教育」を施して生産労働の能力を高め、自立させることを願って、「学校」に収容し教育を施す必要があるという認識が生まれました。この願いのもとで、私人や民間の有志団体（慈恵組織）によって、「慈恵主義の学校」、すなわち「チャリティー・スクール」（Charity school）や「勤労学校」（School of Industry）が創設されました。

確かに、エリザベス朝期は「貧民」が増えはじめ道徳的堕落（物乞いなど）や社会悪（窃盗など）の増大が社会問題となっていました。その社会的要因は、耕作地の羊牧場化を目的とする「第一次囲い込み運動」によって零細農民が農村から追放され、都市にスラムを作ったことに、一つの大きな要因がありました。この時代は、いわゆる資本主義の「本源的蓄積期」の時代にあたります。やがて、労働民衆は、長時間労働、低賃金、突然の失業などで苦しんでいくことになります。

産業革命の最盛期より一五〇年ほど前に、「エリザベス救貧法」（旧救貧法：Act for the Relief of the Poor, 1601）が発布されていました。同法による児童の処遇は、教区委員および貧民監督官が、親が扶養できないと判断した児童を男子二四歳、女子二一歳または結婚するまで徒弟（親方のもとで見習中の者）として束縛するものでした。七～一〇歳の年齢から児童たちに労働義務を課し、社会秩序を維持しようとしました。しかし、そこでは、社会的に有為な徒弟を育成することはできませんでした。その具体的な処遇は次のようなものでした。

すなわち、一六〇〇年代の半ばには、貧民児童の処遇は、①徒弟年齢以下の児童には、金品の施与か里親委託、②労役所（work-house）への収容、③教区徒弟措置、に整理されました。「労役所」への収容は、開明的ブルジョアの構想によるものであり、救貧費の削減につながり、勤勉さを身につけさせ富の源泉である労働力を育てようとする近代的な労働観によるものであったといわれます。この「労役所」の構想は、いろいろな人々によって具体化され、実施されていきます。それには、「食事の提供」という事業は、避けられない問題でした。

ジョン・ロックの「ワーキング・スクール」の構想

たとえば、著名なジョン・ロック（一六三二～一七〇四）の構想もその一つでした。このロックでさえも「救

ジョン・ロック

貧法」のイデオロギーから自由ではなく、貧困の原因は「食料の不足や貧民の雇用の不足から生じたものではない……貧民の増大は規律の弛緩と道義の退廃のほかにはありえない」と、貧困を個人的な道徳的退廃であるとしました。この観点から、貧民児童に生産技術を授ける「ワーキング・スクール」の設置を提案しました。

同案は、①救貧税で各教区に労働学校を設置する、②ポーパー（Pauper：窮貧民）の児童の三～一四歳までを強制的に入学させる、③児童に食事を提供し、生産労働に従事させる、としました。

ロックは、この「ワーキング・スクール」によって、①母親は家庭での子どもの世話や食事を与える煩労（わずらわしい労力）から解放され仕事に専念できる、②学校での方が厳しい躾ができ、良い食事を受けられる、③幼少から労働に習熟し勤勉な人間となる、と提起したのです。このようにして、教区住民は多額の救貧費の負担から解放され、学校における子どもの労働収益が増大すれば、学校の維持費や給食費さえも賄えることになると訴えたのでした。これも慈恵主義にたつものでした。しかし、このロックの案は、政府の採用するところとはなりませんでした。

やがて、このような発想は、私人によって実際に実行されるということに至ります。その一例は、一六七六年、民間人であるトーマス・ファーミンによって先駆的に実施された私設の「産業学校（School of Industry)」です。

この学校では、驚くことに三歳児から収容し、紡ぎ方（繊維を引き出し、よりをかけて糸にする）など毛織物の仕事が教えられました。この児童労働は、一日あたりで2d~3d（pence：ペンス）の稼ぎとなったといわれます。他方で、教育活動も行われましたが、宗教教育としての「カテキズム」（教義問答）が主であり、「読み方の教育」は副次的であったといわれます。生活面においては、「パンが支給され、冬期にはわずかばかりのオートミール（燕麦《えんばく》）等で作られた薄粥（gruel)」が出されたといいます。

チャリティー・スクールの運動と無料給食

この産業学校と並んで、慈恵主義に立つもう一つの学校形態は、「チャリティー・スクール」（Charity School）でした。この学校は、博愛主義的傾向が強く、宗教教育や道徳教育を重視しました。この運動を促進した団体は、一六九八年に発足した「キリスト教知識普及協会」（The Society for Promoting Christian Knowledge: S. P. C. K）です。この協会は国教会派に属する人々のもので、従前から私人が個別的に行ってきたチャリティー・スクールの設置を組織的運動団体にまとめ上げたものです。

このチャリティー・スクールは、教会が設置した「教区立学校」であり、一七三四年の時点で、ロンドン市に一三二校、地方に一三九二校がありました。児童数ではトータル一万九五〇六人を収容しました。寄進や寄付金を受けて、主として生活指導が行われ、衣服の支給もあり、毎日、「無料の給食」（free meal）が提供されました。このような学校生活の基盤のうえで、最も重要視されたカリキュラムは「宗教

雇い主から賃金を受け取るレンガ工場で働く子ども　資本蓄積の遅れた産業部門ほど工場法の適用が遅れた。(G.D.H.Cole, Chartist Port- raits, 1865)

教育」で、これに加えて「読み・書き」が教えられ、男子校では「算数」が加えられ、いくつかの学校では最初から「工場的職業教育」が導入され「紡績、裁縫、編み物、靴製造」などの仕事が教えられました。

同協会は、一七一二年には「半労半学」（half-time system）を提案していました。この学校は、一七五〇年ごろには三万人の子どもを収容していましたが、財政的困窮をきたして、その収容数を縮小していきました。教育内容の充実化に比して、財政が追いつかなくなったのです。

産業革命最盛期の「勤労学校」と衣服・食事の施設

イギリスの産業革命は、一七六〇年から一八三〇年ごろまでがその最盛期であるとされています。ちょうど近代社会に入ったこです。この産業革命は、ハーグリーブスのジェニー紡績機（一七六五年）、アークライトの水力紡績機（一七六九年）、クロンプトンのミュール紡績機（一七七九年）などが発明されたことで、よく知られています。こうして、「マニュファクチャー」（工場制手工業）の時代から「機械制大工場」の時代へと移行しつつありました。

この社会の構造変動は、新たな貧困と社会不安を増大させ、それまでの熟練労働者や職人の没落を引き起こし、代わりに機械化された工場での単純労働を担う女性の就労や児童労働の本格的な登場をもたらしました。この時代もまた、これらの労働者の長時間労働（一二時間労働など）や単調で機械的な労働の過酷さが、新たな社会問題になっていきました。

これらの労働者や子どもの人間発達を支えるために、この時代には福音派の人々は一七九六年に「貧民生活改善協会」（The Society for Bettering the Condition of the Poor：略称S. B. C. P）を設立しました。その目的は、先のロックの思想や構想を受け継いで、過酷な児童労働や極貧の子どもに生産技術を訓練し、宗教、道徳、躾や礼儀作法や簡単な読み書きを教える「半労半学」の教育を実施することでした。子どもたちの年齢は、七歳から一四歳でした。

勤労学校での給食（朝と昼）の供与

このような労働と授業は、朝六時から夕方六時までの長時間であったといわれます。子どもたちの製品は売却されて、学校維持費や子どもたちの賃金に充てられました。また、この種の学校では、子どもたちに「朝食と昼食の給食」が供与され、朝食に三〇分、昼食に六〇分の食事と休憩時間が設けられました。この給食は、従前の時代よりも「質」の良いものであったといわれます。

同協会の幹事であるトーマス・バーナード卿は、よく配慮されたこの種の勤労学校と給食の食事を、次のように高く評価しています。

「子どもたちは、この学校に来て、一様に著しく健康になった。入学当時、弱弱しく病気がちであった子どもも健康で活発になった。おそらくこれは、彼らが新しく得た清潔と規則正しい生活習慣と良い空気、それに栄養に富む十分な食事との結果であろう。」（B・サイモン『イギリス教育史Ⅱ』成田克矢訳、亜紀書房、一九八〇年）

この「協会」（S.B.C.P）は、多くの地域に支部をもち、協力団体の支援を得て、学校の設立以外にも、「田舎食堂」や「スープ・キッチン」を設置して、貧困な住民や子どもに安価な食事を供給する運動も行いました。

時の首相W・ピットは、同年（一七九六年）、この「勤労学校」を大教区に一校、小教区は連合して一校を設置して、五歳以上の被救貧児を入学させることを義務化する計画を公表し、法案化して下院に上程までしました。しかし、工場主階層の強硬な反対で実現には至りませんでした。その反対の理由は、工場主たちが、低賃金の大量の児童労働を求めていたことにありました。しかし、他方では、産業社会は産業の発展に貢献する民衆教育の発展拡大をも求めていました。その典型は、教育学者であるアンドゥリュー・ベルやジョセフ・ランカスターの「モニトリアル・スクール」（Monitorial School）でした（一八〇〇年代初期）。この学校では四〇〇人近い子どもを大ホールに集め、モニター（監視者）役の子どもに手伝わせながら「詰め込み教育」を行うというシステムでした。このような学校教育の方式では、社会的にも能力的にも、主権者国民の形成は、到底、不可能というべきでしょう（拙著『人権の時代』青山社、一九九九年）。

少年犯罪と「給食授産学校」(Feeding Industrial School)

貧困と過酷な生活のなか、平安な生活が保障されない社会状況において、一八五〇年代当時においても子どもの犯罪は減ることはありませんでした。この児童の犯罪に対する「少年法」の整備は、一九世紀の半ばにおいて、前進しました。一八五四年には、「感化院法」(少年犯罪者法)が、一八五七年には「勤労学校及び感化院法」が制定されました。

社会改良運動家であったメアリー・カーペンター婦人は、この運動に多大な貢献をし、自らも「感化院」を建設しました(一八五二年)。カーペンター婦人は、また、犯罪少年の矯正と教育の観点から、その経験を生かして「給食授産学校」(Feeding Industrial School)の設立を提言しました。

この学校は、「感化院」が建設される一〇年前の一八四二年ごろ、アバディーンのシェリフ・ワトソンによって実践されたことがありました。このワトソンの「給食授産学校」は、貧民学校にさえ行けず、また通学しても不登校になり,街を徘徊し物乞い生活をし、窃盗などの犯罪をおかした極貧層の子どもを対象に開設されたものでした。家庭崩壊や親に放置された子どもたちが対象であるゆえに、家庭的環境を体験させる意義が考慮され、「食事をとおしての養育」が重要な機能をもちました。

この学校では、子どもたちに十分な食事が提供されたといわれます。また、前述した「勤労学校」と同様に、家庭に帰ったときに役立つように、女子には裁縫、洗濯、男子には靴づくり、洋服の仕立てなどの「授産訓練」が施されました。

この学校への就学は、治安判事(justice of the peace)によって判断されました。通学費用は、一部は親が負担し、一部は行政当局の地方税が充てられました。

先述したメアリー・カーペンター婦人はまた、重大な犯罪を犯し有罪判決を受けた少年の場合にも、刑務所で服役させず、生活改善のための「矯正院・感化院」(Reformatory School) に収容する現代の少年法に通じるような道を開きました。

以上のように、「給食授産学校」は歴史的なものであり特異なものでしたが、その理念は家庭的な人間関係や教育力を回復させようとするものであり、ペスタロッチがスイスのシュタンツで実践した孤児院の教育にも通じるものでした。

市民による自主的・協同的な給食運動の高揚

一八五〇年代を過ぎると、学校の設置や給食による子どもの生活や健康管理を「私的慈恵」(private charity) に放置することは社会的に許されなくなっていきました。すなわち、学校を国家の責任において設置し、その機能を拡充することが求められはじめました。

その背景には、産業社会や市民社会の発展、労働運動の高揚、親の教育への関心の高まりがありました。イギリスの資本主義は独占段階に移行し、海外市場の獲得や海外投資など帝国主義の政治体制に移行していきます。帝国主義を支える国民の形成や労働力形成の要請は、同時に学校や給食の「教育的価値」・「教育的機能」に目が向けられるようにもなっていきました。

一八六〇年代になると、無料または安価な食事を学童に与えようという多数の市民による「有志的団体」(voluntary agency)が登場しました。ロンドン市では、一八六四年「貧困児童給食協会」(The Destitute Children's Dinner Society)が設立されました。この団体は、貧民学校の一種であるウエストミンスターの「ボロ服学校」(ragged school)と連携して，街の五八か所に「食堂」を設けたのです。この協会は、「慈恵組織化協会」(The Charity Organisation Society：略称C. O. S)傘下の協会ですが、以下のように国民形成的な教育論を、その設置目的の一つに掲げています。

「児童の欠食は、慢性的病気のもとであるばかりでなく、教育や教師の努力から得られる肉体の元気や、精神の十分な活力に欠けた低水準の国家、国民に引き下げてしまうものである。(略)我々の提供する食事は、身体的効果において抜群であるばかりか、従順さと教育可能性を高めるものである。私たちのこの給食(運動)は、児童の健康と道徳の状態を改善するために向けられる。」(M. E. Bulkley, The Feeding of School Children, 1914. p. 4)

このように、「教育論」(子どもの心身の発達、人格形成)の観点に立って、①「学校給食の普及や制度化を推進」し、かつ②「給食の教育的価値に関心を深めていく世論の動向」は、以後、ますます広がり盛んになっていくのです。

第2節　一八七〇年初歩教育法と学校給食運動の発展

学校委員会の給食思想と普及運動

教育としての学校給食へ向かっての一歩前進は、「一八七〇年初歩教育法」（Elementary Education Act：フォスター法）の制定でした。従来は、私的団体によるボランタリーな方式で民衆学校が設置されてきましたが、そのような学校さえもない地域や不十分な地区においては、公費による初歩学校を設置し管理することとしました。そのために、「学校委員会」（Local School Board）を設置することを義務化しました。

このようにして、未整備ながら、ようやく、民衆教育のための義務教育制度が実現したのです。従来のボランタリーの私設学校と、この新しい公費による初歩学校とが併存するというイギリスの伝統的な学校制度がスタートしたわけです。

この「義務教育制度」は、通学児童数と学校給食を拡充させる運動を広げていくものとなりました。また、同時に、学校給食を拡充することは就学者数を拡大し、通学の恒常性を高めることにつながっていきました。

当時の「ランセット」（"The Lancet"）という大衆向けの新聞も、学校給食を「公的・制度的に保障すべきである」と論陣を張りました。

議会では、たとえば、S・スミス議員は、次のように演説をしました。

「議会が法の力で就学、通学を子どもに強制するのであれば、学校の課業のプレッシャーに子どもたちが立ち向かえるように、十分な栄養物を提供しなければならない。学校の衛生管理だけにとどまらず、国の補助金（grants）は子どもの身体的健康や学校給食のためにも支出されるべきである。そのようにして、衛生学や保健科学を教育制度にも適用すべきなのである。」（M. E. Bulkley, The Feeding of School Children, 1914, p. 9)

この一八七〇年初歩教育法によって学校設置や学校管理の担当者となったのは、住民の選挙によって選ばれた委員によって構成される「学校委員会」（school board）でした。同委員会は、学校給食をはじめ、教育条件の不備、教育予算の不足、文部省の教育政策の在り方や学校管理に対して、厳しい批判を展開し、その改善を求めました。

「ロンドン学校委員会」と教員との会議において、学校委員会のS・バクストン委員は、当時の学校教育政策について次のように批判しています。

「教育法とその実施によって、以前には隠されて見えなかった子どもの貧困と欠食の問題がいっそう明らかになった。就学の強制によって、欠食で通学する子どもには「詰め込み勉強」が加重負担（over pressure）となっていることが、世間の注目するところとなっている。この欠食と学習課業の過重負担とは早急に解決されるべきである。」（M. E. Bulkley, *op.cit.*, p. 10)

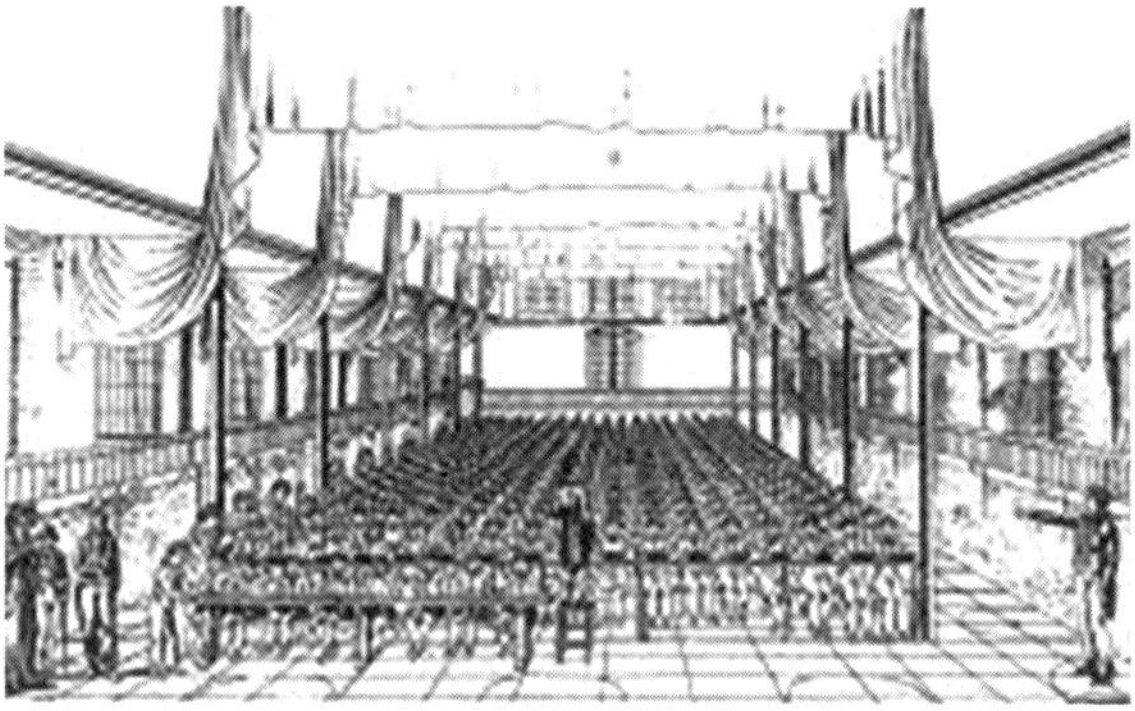

モニトリアル・システム
19世紀初期における British Sociaty のモデル校 Borough Road School の授業図

学力テストと教員への勤務評定の強行

この時期、文部省や教育行政は学校ごとに、子どもの「学力」や品行の良さを査定して学校への補助金や教員の賃金を決めるという「出来高払い制」(payment by results) という学校管理体制（いわば、子どもへの「学力テスト」の成績によって「学校への予算配分」や「教員の勤務評定」を行うという教育管理体制）を敷いていました。

このような管理体制の下で、教師や学校は、この学力テストの成績を上げるために、低学力の子どもに鞭打ったり体罰を加えて、学校は荒廃していきました。子どもたちに対しては、心身の不健康をまねきました。新聞や世論も、この現状を厳しく批判しました（拙著『人権の時代』青山社、一九九九年を参照）。

ある教育業界紙は、「教育法は貧民児童にとっては善でも喜びでもない。それはむしろ救貧や犯罪防止における法的処理の効率を良くするためであり、治安と企業の進歩を図るためである」とさえ酷評するものでした。この教育管理体制は、文部省事務次官のロバート・ロウ（Robert Lowe）によって考案された「改正教育規程」（"The Revised Code" 1862）を強行実施したものでした。この「規程」による「管理主義教育」は、一八九七年代まで三五年間にわたって続きました（拙著・同前書を参照）。

ロンドンにおける市民と市政による学校給食保障

こうした教育の荒廃を批判する社会的意識が高まっていくなかで、イギリスの全土において市民による「自主的な学校給食団体」（voluntary Feeding agency）が数多く設立されていきました。ロンドンでは「一ペニー給食促進審議会」（The Council for Promoting Selfsupporting Penny Dinners）が設立され、給食を実施普及する運動は急速に広まっていきました。

また、元学校長を務めていたバーグイン婦人は、「学校給食のための募金団体」（The Referee Fund）を創設し、イギリスの各地で「無料給食」を供給しました。その際に、ロンドン市の「学校委員会」も、給食施設や部屋の使用に対して補助金を提供して援助したのです。

このようにして給食普及運動がいったん落ち着いた一八八〇年代には、「ロンドン学校委員会」は、特別委員会を設置し、欠食児童の実数や給食実施状況の調査を行いました。

この調査で、①学校委員会立学校に限っても四万三八八八人（一二・八％）が「欠食」であること、②「無料給食」を受給している子どもは五〇％以下であることなどが明らかになりました。このような現状に対して、「ロンドン学校委員会」は給食団体が協同して給食事業を拡大推進することが必要であると勧告しました。

これによって、「ロンドン学校給食協会」（The London Schools Dinner Association）が設置され、大きな給食事業団体に組織替えされました。

このようにして、国家予算の未措置のなかで、私的団体の拡充発展を軸に学校給食事業が広く組織化されて、給食実施が進められるようになり、これに自治体や「学校委員会」などの行政当局が限定的に支援するという関係へと発展していきました。

ロンドン学校委員会による政府への勧告

こうした組織関係のなかで、一八九八年、「ロンドン学校委員会」は、「全般的意思決定委員会」（General Purposes Committee）を組織し、「学校給食協会」の事業がどのような成果を挙げているのかを調査させました。この調査結果にもとづいて、「ロンドン学校委員会」は「教育当局の指導のもとに実施される学校給食は、①「食事の提供」と、②「教育」との両面において、③子どもの身体的・精神的健康を増進するうえで効果的である。これらを確保するためには、政府補助金が必要である」と、強調しました。さらにまた同委員会は、下記の点を強調しました。

「親に対する効果に関しては、親の関心は子どもの福祉（wellbeing）にある。学校給食が親を怠惰にし、子どもを貧困に押しとどめ、親としての責任を放棄させるという見解は、学校給食の実際の経験と事実によってまったく支持できず、気まぐれな恣意（自分勝手な考え）にすぎない」（M. E. Bulkley, *op.cit.*, p. 23）としました。

この「ロンドン学校委員会」の見解は、手を挙げて喝采したいほど、家庭の親と子どもたち、そして学校（給食）や教職員の活動などの実態を冷静に、また人間的に観察し洞察した素晴らしい見解です。イギリスの人民をなん百年にもわたって支配しつづけてきた「個人主義」（「自己責任」主義・「自助主義」：共助・公助を人間の堕落とする民衆支配のイデオロギー）の「思想」を解体するような学校委員会の上記見解は、新しい時代の幕開けを記すものだと思います。

こうした確信の下で、「ロンドン学校委員会」は、次のような「政府への勧告」を表明しました。

「フランス、その他諸外国の事情も勘案すれば、義務教育学校に通学する学童の給食や健康にかかわる諸問題は、公的関心事として処理されることが時代の要請である。中央委員会を創設し、学校委員会が給食施設等を援助できる補助金が計上されるべきである。」

「子どもが教育、学業から正しい利益を得られる状態で通学しているかどうかを見届け確かめることは、（一八七〇年の）初歩教育法によって地方教育当局の責任の一端である。そのために必要な調査を行う義務もある。そして、子どもが欠食で通学していることが確認されるなら、給食を供与するのは地方教育当局の責務であり、また権限である。」（M. E. Bulkley, *op.cit.*, p. 24）

以上のように、一八七〇年初歩教育法の制定以降、地方教育当局およびその学校委員会のレベルでは、「学校給食を公的に保障すること」に関して、合意と実施方針が成立していました。民衆の生活苦や心配事を知悉していた地方行政部門こそ、民衆の願いに沿った政策展望をもちえたのであろうと、共感させられます。

帝国主義戦争と国家関与の給食政策の始まり

一八七〇年代から、帝国主義者のセシル・ローズやチェンバレンの下で、トランスバールや南アフリカ連邦を合併して植民地化する「新帝国主義戦争」が準備されていました。一八九九年から一九〇二年にかけて、ついに南アフリカ戦争（ボーア戦争）が仕掛けられました。

この戦争の終結の直前に、イギリス陸軍のフレデリック・モーリス少将は、その徴兵検査の合格者が五人に二人（四〇％）であるとの報告を受けて驚愕しました。同少将は、まずは調査することが重要であるとし、二つの国家的な委員会を設置させました。

結論を先に言えば、この二つの委員会の調査と勧告とが、「国家関与の学校給食制度」を開始するという最終段階における決定的な契機となりました。

二つの委員会のうちの一つは、「王立体育委員会」（The Royal Commission on Physical Training）、もう一つは「身体悪化に関する政府委員会」（Interdepartmental Committee on Physical Deterioration）でした（それぞれ一九〇一年、一九〇三年に設置）。数年のうちに、各々の委員会は「答申」を提出しました。

「王立体育委員会」は、大学以下の諸学校の体育（physical education）とその授業とを調査しました。学校体育が身体強健な子どもを育てているとはいいきれないが、それよりも体育ができないほどの身体的虚弱が問題であり、その主たる原因は「栄養不足」（undernourished）にあるとの結論を下しました。この点について、同委員会報告書（一九〇三年九月）は次のようにいいます。

「国民の身体的福祉に関して語られる諸問題のなかで、最も重要なことは栄養不足である。子どもへの適切にして十分な給食をすることは精神的課業を達成するうえでも平等を保障するものであって、あらゆる教育計画と密接に係る問題である。このような見地に立って同委員会は、「普遍的な学校給食の制度を確立すべきである」」と勧告したのです。

もう一つの「身体的悪化に関する政府委員会」は、国民と子どもの身体的成長と生活条件との関係にかかわる各種の調査・研究を行いました。この委員会で証言者として活躍したアイヒホルツ博士の調査報告は、当時の子どもの生活全体と食事の実態とを端的に示すものでした。同博士は、次のように指摘しました。

「子どもの朝食は、食事とは名ばかりで、ほんの少しのパンと紅茶であり、夕食はない。地方によっては、親に銅貨をもらって魚のフライを買うことはできる。ミルクや新鮮な野菜はほとんど知られていない。肉は日曜日の夕食を除いて、ほとんど欠乏している。」

同委員会は諸調査を踏まえて、「貧困な食生活の実態」を次のように報告しました。

①食事量が不十分であること、②日々、規則正しく朝・昼・晩と食べていないこと、③質的にみても不適切で、とくに細胞形成に資する栄養素（タンパク質）が不足していること、以上の三点を強調しました。

これに加えて、一九〇〇年ごろには、ロンドン市では一二万二〇〇〇人が欠食児童で、通学児童の一六%相当であること、マンチェスター市では一五%、アイルランドではほぼ一〇〇%が欠食児童であるという状況が明らかにされました（M. E. Bulkley, *op.cit.*, p. 29）。

こうした実態にもとづいて、「王立体育委員会」は、「公的財源をもって学校給食を全国的に実施すべきであると提言しました」（一九〇四年）。

以上の二つの委員会の答申の後、政府内に「特別委員会」が組織され、全国を対象に、児童の医療的査察、学校給食施設の現状調査が行われました。

この調査で、全国一四六の地域に三五五余りの学校給食施設があり、冬季の四か月間で一〇万人の子どもに給食が実施されていることが明らかにされました（一九〇五年）。その後、ようやくにして全国を視野に入れた「学校給食法案」（The Provision of Meals Bill）を考案するための「特別委員会」（The Select Committee）が設置されました（一九〇五年）。そして、その数か月後に同法案が議会に上程されたのです。こうして、ようやくにして学校給食の要求運動は、「イギリス議会（下院・上院）」での審議の場に上ることになりました。

第3節　民衆の義務教育学校と教育福祉の発展

子どもの権利としての教育への発展

このような学校給食の要求運動は、同時に、民衆のための「義務教育学校」の法制化運動と並行して進められてきたのです。この歴史的経過は、以下に述べるとおりです。

時代は少しさかのぼりますが、一八七〇年、自由党（the Liberals）政権のもと、A・J・マンデラによって「初歩教育法」（The Elementary Education Act of 1870）が制定され、「義務教育」が法制化されるに至りました。親が子どもを通学させる義務を負う子どもの年齢は一〇歳まででしたが、一〇歳から一三歳までの子どもを雇用している企業家には、「教育を受けさせているという証明書」の提出が求められました。同時にまた、この「教育保障の法制化」は、①子どもを通俗的な民衆文化と切り離して、「大人」へと成長・社会化すること、②子どもには「学校の規律（discipline）」に従うことを強制する、③学校は子どもを親・大人から分離し学校に囲い込み秩序化する社会統制の場となるなどの傾向を強めることにもなったといわれます。

すでに、一七〇〇年代半ばから一八〇〇年代半ばにかけて、民衆への教育保障の思想が生まれていました。アダム・スミス（一七二三〜九〇）やジョン・スチュアート・ミル（一八〇六〜七三）は、「民衆の初歩教育は平等に、救貧法ではない国家の財源で設置・運営されるべきである」としていましたが、上記の「義務教育の法制化」は、「無償教育」を当然とする世論を発展させ高めていきました。すなわち、「国家がその両親に子どもを就学させることを強制する以上、国家がその費用を負担すべきである」という議論が確立していきました。

このような動向のなかで、一八九一年に「無償初歩教育法」（The Free Schooling ElementaryEducation Act）が可決されたのです。この法律は、民衆の側に立てば、親に彼らの子どものために「無償教育＝公費教育を要求する権利」（the right to demand free education）を与えるものでありました。教育を受けることは、国家への「義務」ではなく、親・子どもにとっての「権利」となったのです。

文部大臣・モーラントの教育・給食政策

これに沿って、国の教育政策も変化の兆しが表れてきました。一九〇二年に文部大臣に就任したロバート・モーラントは、まず、旧来の「能力主義」=「管理主義」の教育の基であった「出来高払い制」（payment by results）や「読・書・算」に狭く限定されていた学校カリキュラムを改革するとともに、「身体福祉」や「教育福祉」の機能を充実させることに努力を注ぎました。その一環として「学校給食の普及充実」にも貢献しました。

こうして、モーラントは「一九〇二年公立初歩学校法」を立案・可決させました。それによって、従来の「学校委員会」（School Board）を廃止し、新たに「ＬＥＡ」（Local Education Authority：「地方教育官庁」）を作って、地方教育行政の万般を統合的に担当させることにしました。こうして、学校給食や学校医療サービスなどを実施・管理する権限も、ＬＥＡに付与しました。

一九〇二年法に続いて、一九〇四年には「公立学校法」（The Public Elementary School Act）をみずから作成しました。その際、モーラントは、その「教育理念」を次のように書いています。やや長いのですが、その教育観をみておきたいと思います。

「公立初歩学校の目的は、託された子どもたちの人格と知性とを形成することである。人生という仕事のために実際的であると同時に知的に、多様な子どもたちの要求に対応できるように学校を最善に有用なものとすることである。この観点から、学校の教育目標は、注意深く観察する習慣、明晰に考える習慣を身に着け、事実に対する知識を獲得し，自然の本質を知り、人類のなした理想や業績に生き生きした関心を喚起させ、自国の歴史と文学に親しみ、思考と表現の用具としての言語能力を培い、自己の努力によって知識を創造しようとする良き読書と思考力を豊かにする学習を発達させることである。同時に、学校は実際的な仕事や手労働を通して手や眼の活動を最大限に奨励し、体操や競技によって身体を健康に発達させる機会を用意し、健康に関する知識を、活動を通して教育しなければならない（以下省略）。」（G. A. N. Lowndes, The Silent Social Revolution, 1stpub, 1937, p. 110）

今日に通じるモーラントの教育思想

以上のモーラントの教育論は、きわめて斬新な現代にも通じる普通教育論・教養教育論というべきものであると思います。一九〇〇年代は、このように、教育史の新しい幕開けであったといえます。

こうしたモーラントの教育思想や教育法の制定を導いた力は、勤労民衆の教育要求運動を土台とした福祉や教育の専門家たちによる諸調査や提言にあるというべきでしょう。モーラントが書いた、ある手紙には、それに関する事情の一端が以下のように記されています。

「私は、ある時期、子どもや人々の善を実現することにおいて、どんな教科をどのように教えるかという事柄と、生徒や教師の身体的条件にどの程度注意を払うかという事柄とは何のかかわりもないと考えていた。」（B. M. Allen, "Sir Robert Morant, 1934, p. 231）

しかし、政府の役職に就いた一九〇二～一九〇六年の期間に民衆教育について学んだ経験は、モーラントをして次のように語らせています。

「教育は国民のすべて、その全面的な発達、子どもの類型や発達のすべての必要に関連する。子どもの健康に関するケア（Care：養護）は、教育の本質的部分であり、教育方法や教科に関する事項よりもはるかに重要であると認識するに至った。」（E. J. Eaglesham, The Foundations of 20Century Education in England, 1967, pp.88-89）

こうして、モーラントは、自己の制定した「一九〇七年教育法」（The Education〈Administrative Provision〉Act）で、子どもに対する医療検査を地方ごとのLEAに義務づけ、その担当機関として文部省内にも「学校医療部局」を設置しました。自分の成し遂げたこの事業について、モーラントは満足げに「我が国初の国民的な学校医療検査制度、我が国初の学校医療に関する年報、我が国初の業績証明……」（E. J. R. Eaglesham, *op.cit.*, p. 89）と手紙に書いて、世話になったマーガレット・マクミラン婦人に送っています。

モーラントは、これらの事業を起こすに際しては、学校給食、児童福祉、保育所作りのパイオニアであったマクミラン婦人に、大いなる協力と助言を受けて、この大業を成し遂げたのでした。それは、「福祉国家」としての礎をきずく社会改革の歴史的な事業であったと思います。

第4節　一九〇六年「教育・給食法」の制定

「教育・給食」法（The Education〈Provision of Meals〉Act of 1906）の要点

二〇世紀の初頭には、「学校給食を実施すべきである」という声は、貴族階級などの支配層からも労働者階級からも高まっていました。しかし、その動機やねらいは、異なるものでした。

貴族階級や大工場主のねらいは、「大英帝国の民族を育て帝国主義競争に勝つ国民をつくること」でした。他方、労働者階級の要求は、「国民や子どもの立場に立って、健康な良識ある市民を育てること」でした。「子どもの国家的保護のための全国労働者会議」は、一九〇五年一月、次のような「決議」を掲げました。

「すべての子どものための普遍的な義務教育制度のコロラリー（系）として、政府の財政保障による学校給食の実施こそが妥当である。国民の身体的退歩は、産業人にとっても国民にとっても食いとどめなくてはならない国家的な危機である」(M. E. Bulkley, *op.cit.*, p. 32) と満場一致で決議しました。「全国教員組合」(National Union Teachers : NUT) も同様に、給食の「国家立法」が今や切実に求められると宣言しました (M. E. Bulkley, *op.cit.*, p. 32)。

このように子ども・青年の身体的発達への危機感が強まるなかで、議会では、保守党、自由党、労働党など各政党が、法案の素案を準備することを進めてきました。

こうして、学校給食の公的な実施を実現するために一九〇六年二月に「教育・給食法」が議会に上程されました。この法案の「小タイトル」は、「児童の学校給食を援助するためのＬＥＡ (Local Education Authority) の権限」となっています。これは、一九〇六年法の中身を端的に示すものです。議決された「一九〇六年法」の要点は、以下のようなものでした。

(1) ＬＥＡは、管轄地域の公立初歩学校に通学する児童に給食を行うことが適切であると考える場合には、学校給食を実施することができる。

（2）ＬＥＡは、自らがその権限を代表して何らかの委員会との協力関係を得ることができる。その委員会とは給食の実施を引き受けるものであり、本法ではこの委員会を「学校給食委員会」と呼ぶ。

（3）ＬＥＡは、この委員会に土地、建物、調度品、器具類や公務員・職員の採用などに関して援助することができる。ただし、食物の購入については費用の支出をすることはできない（「給食費」は原則として有料で父母負担）。

（4）ＬＥＡは、児童の親から給食費を徴収する義務がある。親が支払うことができない場合には、それはＬＥＡの負担となる。ＬＥＡは、給食に要した費用や食物費を学校給食委員会に支払う。

（5）公的財源以外の財源で、食物費を弁済できないか、または不足する場合には、ＬＥＡはその旨を「文部省」に申し入れすることができる。「文部省」は、ＬＥＡに対して、その食物費を地方税から支出する権限をＬＥＡに授与する（ＬＥＡの自己負担）。ただし、それは、その半額を超えてはならない（half penny rate というルール）。

（6）親が給食費を払うことができなかった場合でも、「親から公民権、その他の権利」を剝奪することはできない。

（7）公立初歩学校のいかなる「教師」も、「給食指導や援助をその職務として要求されることはない」（教師の任意にゆだねる）。

議会における論議の様子

この「法案」をめぐって、議会ではどのような議論が展開されたのかを少しみておこうと思います。「下院」では、保守党のクロード・ヘイ、ジョン・ゴースト議員などが、一九〇四年ごろから、次のような演説をしてきました。

「教育費の大部分は浪費されている。授業を受けるのに身体的にまったく不適当な、また欠食の子どもに教育を強制することは残酷であるとともに、教育費の浪費であり不合理の極致である。一八七〇年の初歩教育法以後の三〇年にわたる義務教育は、失望であり失敗に終わった。子どもの知的発達も、どんなに控えめに言っても、いい加減なものであった。他方、国民、子どもの身体的悪化は明白であった。こうした社会問題の原因は次の点にある。すなわち、それは、身体と教育とは不可分一体であるにもかかわらず、我々が教育を孤立的要素とし、知性がトータルな人間から独立して働くと考えてきたからである。我々は、肉体を、そして、魂や意志というものを無視してきた。その結果が教育の失敗となったのである。」（M. E. Bulkley, *op.cit.*, p. 33, 議会議事録：Hansard, April, 20, 1904, vol. 133）

この発言は、一八七〇年以来の教育の実態・現実を踏まえた発言になっていると観じます。

同じく下院において、一九〇六年三月二日、教育院総裁（文部大臣・President of the Board of Education）であったA・ビレル（August Birrell）は、次のような法案に賛成する演説を行いました。

「ここにおられる諸君の大多数は、人の親であり、諸君のすべてはかつて子どもであり、また、ある者は教師であったこともあろう。そういう境遇を経られた以上、諸君は飢えてやせ衰えた子どもに宗教上、学問上の事柄を教えようとすることの、いかに残酷な所業であるかを承知されておるはずだと思う。かくのごとき児童に、ものを教えるために租税で取り立てた金を使うのは、国民のための教育費を無益に浪費するのも同然である。」（Hansard vol. 152）

教育院は、それほど給食実施について熱心であったわけではないのですが、このビレルの演説は、議員諸氏に子ども時代を振り返らせ、共感を呼んだのではないでしょうか。

子どもの権利論からの法案への賛同

労働党も当時の議会に学校給食法案を独自に上程していましたが、政府が提案した一九〇六年法案が検討されました。この下院議会では、労働党員のT・W・ウィルソンが、「子どもの権利論」の見地に立って、同法案に賛成する演説をしました。

ウィルソンは、次のように議会演説を始めました。やや長いのですが、重要な論点を記します。

「私は議会の誰もが、たいへん多くの子どもたちが欠食で学校に行く、あるいは栄養不良のままに通学していたということに疑問をもつだろうなどとは、考えてもみなかった。そしてまた、法案の目的がこのような欠食の子どもたちのために食事が給与されるべきものであるということを疑うなどとは、考えたことがなかった。……議会の何人かは言うかもしれない、それは子どもを養育する親の義務であると。しかし、そういう議員が、それらの親が稼ぐ賃金の多寡（amount）を考えれば、その賃金で家族に適切な養育や食事をさせ、衣服を着せることなど絶対に無理だという事実を認めざるをえないに違いない。一週間の収入が一八シリングを超えないという家族が、このイギリスには一〇万人もいるのである。これらの家族に平均三人をこえる子どもがいたならば、その家族の子どもらがしかるべく養われるのは、ほとんど不可能である。……多くの熟練労働者たちは、一週間一八シリング以上稼いだことはないのである。……それゆえに、このような状態にある父母の子どもには、少なくとも食事が与えられるべきである。そのような状態にあるのは、子どもたちの過ちではない。……国家が、その子どもたちの養育をすべきであると考える。」

ウィルソンは、この演説の最後には、次のように締めくくりました。

「国家は公的学校給食を保障し、それによって子どもが教育を受けるための条件を保障すべきである。それは、子どもの唯一の権利である。国家は子どもを養育（Feeding）すべきであり、学校給食に責任をもつことは、子どもを教育するうえでの国家の最善の利益（Best interests）であることを認識すべきである。それは同時に、社会参加するにふさわしい未来の国民・子どもにとっても最善の利益であると信じる。」（Carlton Hays,British Social Politics, p. 111, London, 1913. イギリス議会の下院（Commons）、一九〇六年三月二日）

このT・W・ウィルソンの演説は、党派的なイデオロギーに発するものではなく、勤労市民と子どもたちの現実を見据えて、市民生活と学校の在り方を改革しようとするものでした。この一九〇六年「教育・給食法」の議会討議が行われていた時点においてさえも、イギリス社会の現状は旧態依然とした状況でし

ウィリアム・ラヴェット

た。欠食で通学する子どもたちを「人間のクズ」とみたり、欠食のままに工場に働きに行く児童労働と同じように、欠食で通学する学校の現状に疑問を抱かない、したがってまた、欠食や栄養不足で身体的退化が続いているというような事態に対しても、社会的・政治的な切実な関心が広がってはいなかったと、アメリカの研究者であるカールトン・ヘイズ（Carlton Hays）は述べています（Carlton Hays. *op.cit.*, p. 111）。

しかし、一九〇六年「教育・給食法」の議論や、同法の成立・実施によって、事態は少なからず、変化・発展していくことになったといえるでしょう。それはまさしく、未来の主権者を育てる教育事業であり、子どもたちが生涯において社会に参加するにふさわしい人間発達を支える事業です。これをいったい、だれが否定できるでしょうか（Carlton Hays, *op.cit.*, p.119）。

このような「権利としての給食論」には歴史的背景があります。

一八〇〇年代の前半から半ばにかけて以降、選挙権を求める「チャーチスト（人民憲章）運動」が高まりました。こうして教育や給食運動においても、国民の権利論としての考え方が広がりました。また、この運動に参加したウィリアム・ラヴェットの「権利としての教育」思想も広がっていました。しかし、現実を支配する思想は、貧困や欠食・栄養不良は親の怠慢・無能・無責任に起因するとして、民衆の権利意識の発展を阻んできました。しかし、勤労者階級は、次のような批判的見解をもっていました。

「貧困と欠食の本質的原因は、産業的無政府主義や産業的専制主義であり、勤労者家族が人間らしく生活することができない低賃金、劣悪な労働条件そして不定期雇用、失業である。これらが、子どもの欠食や栄養不良など生活荒廃を生んだのである。こうした労働・生活条件を放置することこそ不道徳であり、人間と良識に対する侮辱・暴力である。それゆえに、産業社会がベストと考える方法で家庭の食事、学校給食を保障させることは、労働者の正義であり、権利である。」(M. E. Bulkley, *op.cit.*, p. 203)

この見解こそは圧倒的多数の労働者階級にとって、真実であり、実際、歴史はこの方向に向かって前進したのでした。

議会「上院」でのグリンソープ卿の演説は、社会と勤労者・子どもの現実を直視したイギリス国民全体の福祉増進を願うものでした。その演説は、次のようでした。

「子どもとは、最高の思慮と尊敬を払うべき存在である。多くの場合、大人である親たちは、すでに彼らの若いころの不十分な栄養状態のせいで自らを駄目にし、志気を挫き頽廃している。親たちがそうだからといって、その子どもにも同じように貧困な生活条件を課し放置すればよいという理由はまったくない。この点に関するこれまでの経験によれば、親の責任感覚は公的な学校給食によって低下するというよりも、むしろ向上することを我々に教えている。親たちは、彼らの子どもがかけがえのなく値打ちある国の宝（national asset）であると国によってみなされ扱われることがわかれば、親は彼らの子どもについてもっとよく考えるようになるだろう。」(Hansard, March2, 1906, vol. 167, p. 1637)

この演説もまた、イギリス社会や勤労大衆の生活実態を正しく見つめて、「給食は親の怠惰や無責任を助長する」という支配階級の個人主義の思想を克服していくための博愛主義的な演説でした。

「一九〇六年教育・給食法」の意義と限界

以上のような内容の「一九〇六年教育・給食法」は、学校制度と学校給食の歴史において、一つの画期をなすものでした。その「歴史的意義」と「限界」とについて、まとめておきたいと思います。まず、その「意義」については、次のようにいえると思います。

① 一八八〇年代に始まる義務教育制度のなかで、初めて教育行政機関(ＬＥＡ)が関与する公的な学校給食を「法制化」し、国家(政府)にも一定の関与と責任を負わせました。

② とくに、ＬＥＡ(地方教育当局)に給食実施や管理運営について立法権限を与えました。

③ 学校給食事業に貢献してきた従前の有志団体とも、新しい公的な委託関係を築くことにもなりました。政府にも、給食事業に関与する機会を設けました。

④ 同法の目的を、「子どもの教育的権利(利益)」を確保することに重点を置き、そのために無料給食を認め、一定の財政的措置を制度化しました。

⑤ 以上のようにして、給食は「救貧事業」から「教育事業」へと本質的にその機能(役割)を転換さ

せました。こうして給食は「貧乏人の救済」ではなく、「権利としての教育」を充実化させるための「教育事業」そのものへと質的転換をはかりました。

しかし他方では、次のようなさまざまな「限界（残された課題）」も明らかです。

(1)　第一には、中央政府は国庫からの補助金等を何ら支出するものではありませんでした。ボーア戦争のために政府が支出した軍事費は、二億二〇〇〇万ポンド、国民負担分を入れると三億三〇〇〇万ポンドでした。これに比較すれば、ささやかな財政（費用）ですむのに学校給食に対して政府は不作為であったといえるでしょう。

(2)　また、地方教育当局（ＬＥＡ）に対しても、ＬＥＡは給食担当行政機関であるにもかかわらず、学校給食の実施に関する「自主的財政権限」を与えませんでした。

(3)　支払い不能の子どもの給食費の不足をカバーするためのＬＥＡの支出は、その半分だけの支出にするという制限を課しました（ハーフ・ペニー・レイト条項）。

(4)　もっと重大なことは、同法は学校給食の実施を「ＬＥＡの義務」としなかったことです。上記の財政制度の問題を理由に給食を実施しなかったＬＥＡは、六二％（一九〇六～一九〇七年）にも及び、地域格差を生み、給食実施の課題と責任を放置するという不平等を生み出しました。

このように、深刻な多くの問題や課題を残す「一九〇六年教育・学校給食法」でもあったのです。

第5節　「一九〇六年教育・給食法」の実施過程における諸問題

「教育としての学校給食」へ向かっての諸課題

一九〇六年法の「基本目標」は、「子どもの教育への権利」を保障するために、身体福祉・教育福祉としての学校給食を教育的に組織化することでした。すなわち、ただ子どもに食物を提供することにとどまらず、子どもの発達の必要や教育の観点から給食活動を総合的に再組織化することでした。

「教育・給食法」は一九〇六年一二月二一日から施行されましたが、一九〇七年一月一日、文部大臣のモーラントは全LEAあてに、その実施方針を示す「通知」を出しました。その要点は、次のとおりでした。

①法の目的は、「子どもが就学することによって提供される教育の利益を、適切な食物が不十分であることが原因で決して妨げられることがないようにする」という「教育的性格」が、主要な目的である。②そのためのLEAの責任と権限、③無料給食の受給資格の子どもの選別、④学校給食委員会等の設置、⑤調理場・食堂・施設設備の条件整備、⑥必要な職員の雇用、⑦財政と給食費の徴収、⑧文部省の責任と権限、⑨教師の活動、⑩子どもの生活・生命・健康等の発達の必要を軸にして救貧委員会等との親密な協力関係を結ぶ、⑪給食とリンクさせるためにLEA内に「学童医療検査機関」を設置し、学校給食委員会はその「医療検査官」と緊密な関係を結んで業務遂行するなど、給食運営に関する基本方針を指導しました。

以下に、これらの項目と関連して、「教育・給食」法の実施過程のなかで、明らかにされた諸問題のう

ブラッドフォードの当時の給食調理場と職員

ちのいくつかをみてみたいと思います。

学校給食を必要とする子どもの選別法

一九〇六年法による学校給食は、学校設置者（LEA）に対する「義務法」ではなく、また、全児童を対象とする給食法でもありませんでした。したがって、同法への各LEAの対処は、まずもって給食を必要とする子どもがどれだけいるのかを調査することでした。その方法の一つは、「ポバティー・テスト（貧困度調査）」であり、もう一つは「フィジカル・テスト（身体・健康度調査）」でした。これらの調査の結果では、五〇％の子どもが前者の経済的理由で給食を受け、五〇％の子どもが後者の医学的理由で給食を受けたといわれます。

一九〇六年法の趣旨からいえば、心身の福祉を保障するという観点に立つ給食保障が重要であったわけです。この点で先進的であったのはロンドン市であったといわれます。ロンドン市の多くの地域では、子どもたちへの給食保障の段取りは、多くの場合、教師たちによって行われました。さらには、「学校看護婦」や「ソーシャルワーカー」などが、家庭訪問をし、親が子どもにどのような食事を与えているか、所得とともに家庭の生活状況を聞き、どのような給食内容や援助が必要かなどを相談したり、また家庭の生活条件の改善などについて助言するという活動を行いました。これは給食授与のためのセレクト調査という形式的な事務の次元を超えたたいへんに重要な前進例の誕生でした。

他方で、最悪の事例はバーミンガム市でみられたといわれます。同市では、給食保障の選別を「督学官」(School attendance officer)が行ったのですが、「ポバティー・テスト」だけで、しかも賃金や所得についての親からの申告に対しては雇用主に照会調査までしてチェックしたといいます。さらには、家の賃借料なども細々と調べるというものであったといわれます。これは、救貧法の「ミーンズ・テスト」(「ポバティー・テスト」：貧困度調査)を思い出させるような手法であり、親に対して学校給食に対する嫌悪感を醸成し、子どもにとっては必要であっても、そのような給食制度ならば拒否するという事態を生んだといわれます(M. E. Bulkley *op.cit.* pp. 63-64, 68, 73-74)。

以上のように、給食を与えるか否かの「選別法」には、次のようなさまざまな欠陥がみられました。①その方法や担当者はまちまちで統一性がなかった。②教師は子どもたちの心身の状態に敏感であり福祉に対する情熱は大いにあったが、その判定は教師による格差があった。③「ポバティー・テスト」に傾く選別法は、「貧困な食事は親の怠惰、無能力、不徳である」とする支配的なイデオロギーとかかわって、親の人格を傷つけるものであった。それは学校給食の普及を遅らせる要因となった。④さらに根本的な問題点は、この選別調査が親をして給食の適用を思いとどまらせるような「制限的・抑止的様式」において行われたものでした。「プア・レリーフ」(poor relief：貧民救済)同然の一面的で厳しい選別手続きを追求したことにもその一端が示されています。⑤これらを総合していえば、給食の供与にあたっても、すべての子どもの発達の必要性(needs)を優先させる「教育行政システム」が未確立であったことを示すものです。

学校給食サービスの実施状況について

「学校が、いつ、どのような食事を提供すればよいか」という給食サービスの内容や、食事環境や給食施設に関しても、多様な形態が模索されました。

(A)　給食の時間について

これについては、「朝食のみの給食」を実施したLEAは二七%、「昼食のみ」が四五%、「両方を実施した学校」は二八%でした。「朝食抜きで登校する子ども」は、午前中の授業に耐えられませんでした。朝食抜きの子どもは母親が一家の稼ぎ手であった場合は、子どもに朝食を食べさせる余裕がなかったことが、その原因であるとされています。そのほかにも、母親が実際に怠慢であったり、一部屋に家族全員が眠るという家庭環境のなかで、不眠となり食欲がわかなかったり、また夜の労働に就く子どもは疲れ果てて食欲がわかず朝食抜きで登校するという事情があったようです。「朝食をとって登校する子ども」の場合であっても、パンのひとかけらを口にするだけで、母親から食べ物を買うための銅貨をもらって家を出るという子どもも多数いたとM・E・バークレイ氏の『調査書』に書かれています。こうした子どもの現実のなかで、「朝食給食」を実施する根拠もあったわけです。

(B) **食事内容（dietary）について**

学校給食としての配慮がみられる場合もありました。通常の「家庭の朝食」は、パンとお茶（紅茶）でしたが、「朝食給食」では、タンパク質や脂質を含んだ食事が出されました。先進的な給食を行っていたブラッドフォード市では、「ポリッジ」（porridge：オートミールで作られる粥）の朝食が出され、たんぱく質で一九グラム、脂質で二〇グラムを含んだ食事となるように配慮されました。「ポリッジ」は、ジョン・ロックも推奨しているように当時のイギリスにおいてもよく知られていた大衆的な「栄養食」です。

一般的には、「朝食給食」の食事内容は、ココアかコーヒー、バターかマーガリン付きのパン、あるいはまた、焼き肉の脂汁（dripping）か、ジャムかシロップ付きのパンが普通で、ときにはエンドウ豆のスープ（pea soup）やポリッジが出される場合もあったといわれます。

(C) **食事のサービス（提供）と指導について**

文部省（Board of Education）は、かなりはっきりとした一定の方針をもち、指導をLEAに対して行いました。「給食提供」（サービス）の在り方も、法の目的に沿って教育的であること、「給食を教育的に機能させること」を指示しました。すなわち、①食事によって子どもの身体的状態を向上させること、②ナイフやフォークの使い方という狭義のマナーではなく、「集団生活のなかでの人間的交わりや振舞い方という広義のマナーや行動様式を身につけさせることで、性格や人格を陶冶する」という教育的効果をねらっていました。これらの方針は、これまでの、教育的効果を発揮できた学校給食の実践に依拠するものであったと思われます。文部省の次の「文書」は、その発展の展望を語っています。

「学校給食は、価値ある実物教育＝直観教授（object lesson）として役立てられるかもしれない。そして、衛生教育やクッキーづくりや家庭科（domestic economy）の実際的教育を充実発展させるためにも活用できるかもしれない。」（M. E. Bulkley, *op.cit.*, pp. 83, 124-126）

20世紀初頭のイギリス給食風景

ＬＥＡや学校は、この方向で学校給食の教育的発展可能性を開発し、教育としての内実を創造していくことが求められたのです。それをめざし実現するためには、給食施設の形態や環境（場所、スタッフなど）の面における教育条件の整備を充実させることが急務でした。

給食の施設・設備と運営システムの諸問題

一九〇六年「教育・給食法」にもとづいて、実際に行われた学校給食の施設とその管理・運営方式は、大きくは以下の四つに分類することができます。

(a)　自校方式（in the school）

(b) レストラン方式（in eating house）

(c) センター方式（in centers）

(d) 宅配方式（in the home）

このうち、(a)の「自校方式」で学校給食が運営されたのは、「障害児学校」（special school）と「授産学校」（industry school）で、これらの学校には調理場・給食室（kitchen）と食堂（dining room）とが設備されていました。しかし、一般的な学校では、この「自校方式」で給食が運営された地域は少なく、また食堂もなく、たいていは、「教室」で食事がとられました。

(b)の「レストラン方式」は、地域にあるレストランに子どもが出かけて行って食事をするという形態です。これを推奨したのは文部省の学校医務官であったといわれますが、地方の教育行政当局は賛意を示さなかったといいます。

実際に、その多くは「小さなパン屋」でレストランと呼べるようなものではなかったといわれます。それはたいてい学校の近くにあり、二〇人ぐらいの子どもたちが歩いて通ったようです。年老いたおばあさんたちが食事を作っていたようですが、その食事内容はフィッシュ・パイ（fish pie）で魚肉を小麦粉の生地に練りこんで焼いたものや、ジャム付きのパンなど安易なものであったようです。このような食事では、子どもの栄養不良を改善するという法の目的さえも実現できないのではないかと疑問視されました。

アクトン（Acton）という街では、「洗濯工場で働く女性労働者のために作られたレストラン」で、子どもの給食が行われたといいます。このレストランなるものは一部屋しかなく、「子どもたちは一般客と一緒に混み合う一二時から一三時の昼食時に、慌ただしく食事をしなければなりませんでした」。こういうところでは、テーブル・マナーを身につけるなどという「指導」の試みもまったく思いもつかなかったといいます。

リバプール市でも、同じ方式で給食が行われました。この都市では、「ココア・ルーム」（喫茶店）が、給食の場でした。子どもたちは、学校からクーポン券（優待券）をもらって、街のここかしこにある「ココア・ルーム」に行って給食なるものを受けるのです。ここでは店主が子どもの欲しがるものをなんでも出してしまっていたといわれます。たとえば、子どもたちは「干しブドウ入りの甘パン（bun）」、「ジャムのついたシュークリーム（jam

FULL TABLES. BRISTOL, ENGLAND

苦労して作られた学校内の食堂
（L. B. Bryant, School Feeding）

puff)」、アイス・クリームなどを好んで注文したといいます。ここでも教育行政当局や学校による子どもの「給食」に対する観察や指導助言の機会はありません。ときどき、教師たちが様子を見に来ることはあったようですが、何の「指導」もしなかったといいます。

同市は、一九一二年九月、この「給食」方式を廃止し、教育委員会が自ら学校給食の調理場を作るようにしました。

(c)の「センター方式」は、一般にひろく採用された方式です。文部省は三〜四つの近隣の学校が、このセンターに合流して一緒に給食をすることを進めました。センターから給食が各学校に配送されるのではなく、「子どもたちがセンターに出かけて食事をする」という方式でした。しかし、「センター」の建物が独立して建設されたのではなく、「警察本署の建物、クラブの社交場のホール、キリスト教伝道団のホール」などでした。

このような場所では、給食のための調度品（道具や器具など）も間に合わせのものでしかなく、食事の場所としては適切なものではありませんでした。「給食」される子どもの人数も多くなり、監視の眼もとどかず、食事の教育的価値を追求するなどということはとうてい不可能でした。

最も良い成果を挙げたのは、ブラッドフォード市でした。同市の学校の教師たちは、二〜三人ずつ給食指導を当番で担当しました。ある教師が配食の指導をすれば、他の教師はマナーを指導するという具合に分担しあいました。また、子どもたち自身も「助教」として、手洗い、配食、テーブルのセット（テーブル・クロスを敷き、花を飾るなど）、後片付け（皿やスプーンをあつめて調理場に返すなど）の指導を援助しました。

ここでは、給食時間の最初から最後まで、法の目的に合致した教育的な給食運営が実践されました。

(d)「宅配方式」は、集団給食ではなく、昼に帰宅した一人一人の子どもの家庭に「給食」を配達するという方式です。この方式はレスター市でのみ行われました。集団のなかで指導ができないという点で、教育的であったとはいえません。この方式は、「貧民救済の最もシンプルな形態」であったといわれます。学童だけではなく、必要とされるすべての家庭に一年を通じて配食されました。欠食を理由とする不登校の要因がミルクであったので、宅配に選ばれた食物は、ミルクとパンでした。この事業は、パン屋か「ミルクマン」によって配達されました。一年間を通してのコンスタントな食事の宅配は、子どもたちの間の偏見を緩和するなどのメリットがあったといわれます。

給食の実施・実践をとおして発見された諸課題

以上のように、実施された四つの給食の施設形態と管理運営体制についてみてきました。これらを総括して、イギリスの給食制度の歴史的な「問題点や課題」をまとめてみたいと思います。

① 給食の施設・設備に対する条件整備の貧困さ（「自校方式」がほとんど確立できていないなどの改善が根本課題である）。

② 給食指導や給食の教育的価値を追求できない地域や学校が圧倒的多数であること。教師の責任以前の「施設の条件整備の不備」が根本にあること。

③ 給食の教育的価値を指導する「教育行政的体制の不備」。

④「教育行政当局」の給食政策、指導助言や監督体制の未確立。
⑤学校給食の教育的価値を追求し実現するための「教育計画の未確立」。
これらの問題の総体が、みてきたような給食施設の驚くような多様な未整備の実態を生じさせるものであったと思われます。

基本的な課題の一つは、学校給食の「義務法化」ですが、これは一九四四年教育法において実現されました。もう一つの課題は、給食の教育目的・目標の法的規定や教育計画や教育課程への位置づけですが、今日においても未確立です。後述する二〇〇〇年代のブレア政権による「栄養法」の策定等の努力は認められますが、現場における実施の実態が伴いません。イギリスでは給食にかかわる指導や食教育は教師の義務的業務ではないので、それに代わる専門的スタッフの養成や採用が課題となっていますが、いまだに未確立です。

有料給食の費用徴収とその失敗

一九〇六年「教育・給食法」における給食は、LEAに対して学校給食の実施を「義務化」せず、自由裁量とするルーズなものでした。また、給食を実施する場合は、原則的には有料（親の負担）であるとしました。給食費を払えない親に対しては無料であり、救貧制度で措置したり、LEAが負担するという仕組みでした。こうして、政府は支払い能力のある親から給食費の支払いを求めることにはなんの困難もないと考えていました。

しかし、この考えは大きく裏切られました。一九〇八年～九年度で親が支払った給食費はイギリス全土で二九五ポンド、〇・四四％にすぎませんでした。一九一一～一二年度でも一％に満たなかったのです。この原因についてはいろいろな議論がありましたが、親たちの多くは無料給食の制度が残っていたことに疑念を抱き、この制度を嫌悪していたこと、そうした歴史のなかで無料給食と有料給食とが一体的に実施・運営されていたことにあるとされています。

オープン・エア・スクールの給食風景

つまり、貧民救済的な無料給食が主要な性格として印象づけられていた給食システムの下では、どこの都市であっても失敗の運命は予告されていたようなものだといわれます。

確かに、「心身障害児の学校」では、給食は「慈恵」としてではなく、「教育」として一本化し学校教育のカリキュラムとして位置づけていたので、親が給食費を払わないという問題はほとんど起こりませんでした（M. E. Bulkley, The Feeding of School Children, pp. 106–113を参照）。

ここには、「国民の給食観」が反映しているように思われます。「貧民救済」ではなく「教育としての学校給食」を一元的・普遍的に、かつ、無償で行うことが歴史の方向性であることが示されているように思われます（実際、今日の日本においても、給食の「無償化」

を実施している自治体は年々、増えていく傾向にあります。ネットを参照)。

授産学校・障害児学校等の給食事業の先進性

先にちょっとふれたように、「教育としての学校給食」の理念が、文字どおり実現されたのは「少年矯正授産学校」(industrial school) や「身障児のための学校」(special school) においてでした。「少年矯正授産学校」は、治安判事の管轄下で補導された不登校や「非行」など問題行動を起こしがちな子ども、母子家庭や父子家庭の子どもで親が終日、就労していたり、病弱である家庭の子どもを収容するために設置された「デイ・スクール」です(一九一一年、イギリスには一二か所、存在した)。

これらの学校の給食は、通常の学校のそれよりも食事内容が優れており、給食費も安価、もしくは無料であったといわれます。精神薄弱児など精神的な障害のある子どもの給食では、世話をする専門の職員や教師が配置され、子どもについて指導したといわれます(イーストボーン市、ブラッドフォード市、リバプール市、バーケンヘッド市など)。

そこでは、明るく楽しげな「食堂」も用意され、食卓はテーブル・クロスや花で飾られていました。子どもたちも、盛り付けや後片付けを手伝ったりしました。

また、同種の「オープン・エア・スクール」(一九一一年で九か所、全イギリスにおいて設置されていた障害児学校)では、「一日三食」の共通の食事が、毎日の学校生活において、規則的な生活習慣を築くものとなっていました。ここでは、「給食を教育として位置づけること」によって、はじめて給食事業が教育的機能を発揮することができたという事実が示されています（M. E. Bulkley, The Feeding of School Children, 1914. pp.117-122 参照）。

第6節　給食の教育効果と医療・児童養護（法制）への発展

給食を実施する地域の拡大と医療査察

一九〇六年「教育・給食」法とその実施状況は、さまざまな課題を残しながらも、実施体制に入っていきました。一九〇九年には、文部省は同法に関する『年報』を出しましたが、それによれば、全イギリスの三二八地域（市）のうち、一一三市で「教育・給食（法）」が実施されました。残りの二一〇市では、市のサポート（補助金・助成金）を受けて私的団体で十分な給食ができているとされています。

しかし、学校給食が市当局や学校の責任領域にかかわる事業であるという認識が深まっていくなかで、「ボランタリー（私的団体）」に給食を任せておくわけにはいかず、「市直営の学校給食事業」へと切り替わっていきました。

さらには、給食（食事）の問題は、子どもの「身体福祉、医療保障、養護」などの領域と関連しながら、さまざまな社会的な措置が展開されるようになっていきました。

一九〇六年法の後の最も重要な法制は、「一九〇七年教育法」です。この法律は全イギリスの学校において「医療査察」（Medical Inspection）を強制的に実施させることになりました。文部省もこれに合わせて、給食事業の全般的な指導を行うようになりました。この法によって任命された「医療査察官」は、給食事業の責任機関である各市に置かれた「給食委員会」(Canteen Committee)のメンバーであり、「無料の給食を受けさせるべきかどうかの最終決定を下す責任者」でした。

こうして、一九〇九年春、一九〇六年教育(給食)法の「修正案」が提案されました。その要点は、次に掲げる二つでした。

① 欠食児童かどうかの判断のために子どもを診察することの最終責任を「医療査察官」に置くこと。
② さらに、「子どもが欠食児童であった場合には、教育委員会が給食事業を施す義務を負わなくてはならない」という条文を付加すること。

この「修正法案」は、イギリス議会では否決されましたが、「スコットランド一九〇八法」では、可決されていて、事実上において「欠食児への給食の義務化」への流れが形成されていきました。そして、欠食児童の事例が家庭の意図的な怠慢や児童虐待であることが証明されれば、給食費はその親が支払わなくてはならないとされました。その場合には、これに加えて、親は「児童虐待防止法」(The Prevention of Cruelty Children Act of 1908)の下で処罰される、ということが確認されました。

給食の病気予防と教育的効果について

このような病気予防を視野に入れた給食の実施によって、心身ともに健康になっていく子どもの状況もイギリスの各地から報告されるようになりました。

ブリストル（Bristol）市では、「貧困児への給食を始めてから、二週間で子どもの身体的状況はめっきりよくなった。ある種の子どもたちは身体的弱さのために精神的活動をこなすことにふさわしい状態でないということが発見されるに至った。子どもたちの全般的な様子については、より明るくなり、面白そうに勉強に身を入れるようになった」。それゆえに、多くの報告書は、「食事は身体と同様に、子どもの精神的能力（mental ability）のうえにも良い効果を与える」ということを、明らかにしました。とくに、明確に欠食状態にある子どもの場合にはとりわけて重要なことであると、報告されています。

バーケンヘッド（Birkenhead）市では、「さまざまな学校の校長の一般的な言明では、子どもたちはより明るくなり、それ以前よりも学校を休まず定期的に通学するようになり、授業や課業にも精を出すようになった」との報告書を出しています。

バーミンガム（Birmingham）市では、「朝食給食」について、「いかなる疑問をも超えて、子どもの心身の状態は、はっきりとした改善がなされ、教育が与える全利益をわがものとするように子どもたちの能力が改善された」と報告されています。

ヴァルシー（Wallesey）市では、「教師の圧倒的多数が、子どもたちが勉強に興味を示すようになり、また、その能力（学力）がました。こうして、通学状況も良くなった。ある一人の教師は言う。グズの子どもたちの数例において、生き生きとした素振り（顔色や動作に現れた様子）になり、勉強に鋭い関心を示すようになった」と報告されています。

以上のように、多くの都市や学校において、子どもに対する給食の効果は、はっきりと証明され報告されています。

「児童養護委員会」の設置とその活動

このような、子どもの欠食状況の調査や無料給食を提供したりするための仕事は、一九〇六年法の制定後に、ロンドン市を中心に設置された「児童養護委員会」(Children's Care Committee)が担いました。この委員会は、一九〇六年法を実施に移し、給食のための教育行政を充実発展させる姿勢を、最も強く特徴づけるものであったといわれます。一九〇九年、ロンドン市議会は、この「児童養護委員会は、すべての初歩学校において設置されなければならない」と、決定を下しました。一九一四年時点において、この委員会が設置されていない学校は一つもなかったといわれます。

ロンドン市当局内にある「児童養護委員会」は、「地方学校委員会」(Local School Board)の下位の委員会であり、学校長が二〜三人と「児童養護中央委員会」によって任命された四人以上のボランタリー・ワーカーによって構成されていました。各学校の校長は、児童養護委員会の委員でなくても、その会合が開かれる際には、出席することになっていたようです。ロンドン市全体では、これらの委員は五六〇〇人に及んだといわれます。

児童養護委員会の役割の貴重さ

この「児童養護委員会」の役割は、以下のようなものでした。

①　学校医務官（school medical officer）によって、医療が必要だとされた子どものケースをフォローアップ（追跡調査）する。たとえば、家庭訪問して父母に治療や子どもの良い処遇が得られるように指導し勧める。
②　親が給食費の分割払いで支払いをするように集金にいく。
③　子どもが雇用にかかわっている場合は、助言をしなければならない。
④　見習い徒弟の身分の者や徒弟奉公人を扱う機関への問題解決を提言する。
⑤　不登校の子どもの友となって、親子を援助する。
⑥　靴、衣服などを子どもに与えるために、篤志か、または安く手に入れられるように手配する。

このような児童養護委員の仕事は、「大きな忍耐力や情熱を必要とするものであった」といわれます。両親は、子どもの養護・福祉に必要なことを行うことにおいて、この児童養護委員と協力・協同しあうことを求められるのです。このようにして、児童養護委員会は世論を教育する手段としても不可欠であり、貴重なものであったといわれます。

児童養護委員は、このように子どもや彼らの家庭（親）とコンタクトを深めていくことによって、貧困の生活やそれとの闘いの何たるかを学んでいったといわれます。そこから相互の理解がもたらされていきました。

このように、「欠食児童など貧困な家庭の両親と密接・親密な人間関係を作ることこそが、この児童養護という事業の最大の利益であり、本質的な機能であり、その意味で家庭訪問は最も重要な活動である」と、

M・E・バークレイ氏（ロンドン大学）は、述べています。

以上のような、ロンドン市における「児童養護委員会」の起源を振り返ると、この委員会の最初は単純な「給食委員会」（Feeding Committee）にすぎないものでした。それがやがて給食だけにとどまらず、子どもの「身体福祉」（physical welfare）の諸問題に関心が広がるなかで、一九〇七年に「医療査察法」（Medical Inspection Act）が制定されたことをきっかけに、一九〇九年には「児童養護委員会」という、子どもや家庭における広範囲な生活・健康問題に関与する委員会へと発展したのです。

むすび――残された問題と給食像の根本的転換――

以上に述べてきたように、イギリスでは一九一〇年代に至っても、給食を有料で食べる子どもと、無料給食を受ける子どもとの選別が、行政システムとして行われていました。これは、「救貧制度」の残滓（残りかす）というべきものです。このような体制と考え方が残っている以上、親たちにとっても、また、社会的にも、学校給食への好意的・積極的なイメージは国民的なものとして発展していくのは困難でした。実際にも、そうした給食を忌避する親も少なくはありませんでした。「給食を受けさせる親は無責任な親だ」といわれては、給食を忌避することになるのも当然でしょう。

この問題を解決するためには、給食費を無料にするか、有料にするかという選別を、医学的査察によって行う制度を廃止し、学童の医療は医療として独立的な教育事業へと組み換え、給食における差別・選別を転換することが求められるような地点に立ち至りました。

学校給食に関する貴重な研究を残したM・E・バークレイは、給食を学校の「教育課程の一環」に位置づけて、「実物教育」(an object lesson)とすべきであると提言しました(一九一四年)。彼女は、「家政科」や「調理・料理の教授」と給食とを結び合わせて教科目として、発展させるべきだと、提言をしています。こうして、国民を痛めつけるような救貧法的な有料か無料かという給食の選別制度を廃止して、給食を「教育事業の一環」とすることで、無料給食(the provision of a free meal)が可能となるという展望を示したのでした(M. E. Bulkley, *The Feeding of School Children*, 1914, p. 224)。

これは、一九〇六年「教育・給食法」の制定から数えて八年後のことでした。この制度論は、前述したユネスコ「勧告」(一九五一年)や、日本の「学校給食法」(一九五四年)の歴史的な土台をなす「教育論としての給食思想」を提起するものでした。

第五章　欧米諸国と日本の学校給食の歩み

前章では、イギリスの学校給食の発展史をみてきました。私にとっての、そのきっかけは、河上肇の『貧乏物語』を読んで、イギリスの学校給食の歴史の一端を知ったからでした。河上肇が引用していた三〜四冊の文献を探して、その原典を読んでノートに記しました。

歴史的事実としては、イギリスの学校給食が世界の学校給食をリードしたわけではありません。むしろ、イギリスはドイツやフランスなどヨーロッパ大陸の国々の教育や給食の制度から刺激を受けて、国の発展のためには、教育の重視や給食の実施が不可欠だと認識するようになったのです。その意味では、欧米の学校給食の歴史を少しでも学びたいと思います。以下に、その要点を紹介したいと思います。

第1節　ドイツの学校給食の歴史

街の「スープ・キッチン」でスタートした給食

ドイツでは、「義務教育法」（一七一七年）が制定される以前から、「市政の一環」として子どもたちに対する「給食」が行われていました。この「給食」は一七〇〇年代の初頭から、ミュンヘン市で始まり、一七九〇年に広がっていきました。その「給食」とは、街の通りに「スープ・キッチン」という給食施設が作られて、子どもや労働者市民にあたたかな食事が提供されたのです。

この施設による給食は、ミュンヘン市内の「非雇用者」（失業者など）や、家のない「放浪者」（子ども・青年）たちを守るものとして作られたといわれます。また、産業革命の時代に入り工場制度が導入されることになって、劣悪な工場施設や長時間の過酷な労働条件によって生み出された悲惨な事件や処遇を救済するために、作られたものだといわれます。それは同時にまた、「通学する子どもたち」に元気を賦与するものでもありました。

この「スープ・キッチン」ができた当初から、学校は毎日正午になると、子どもたちをグループごとに、このキッチンに通うように勧めたのです。このキッチンでは、あたたかなミルクが売られ、必要な子どもには無料で与えられたといいます。この「スープ・キッチン」は、その後、五〇年間にもわたって、他の地域（都市）にも広がり、それぞれの当地の学校においても、必要な子どもたちに、簡単な「朝食」、あるいは「昼食」を与えるように企画されていったといわれます（M. E. Bulkley, The Feeding of school Children, 1914, pp. 261–262）。

一八七五年には、「慈恵学校協会」が、ハンブルグ市で設置されました。この「協会」もまた、その目的は公立学校における通学率と学習の効率とを増進しようとするものでした。この「協会」のもとで、必要とする子どもたちに対して、「無料の教科書や衣服、そして、食事（給食）」が提供されました。この給食こそは、教科を教えるよりも、当時の学校における日々の「中心的な事業」であり、ハンブルグ市当局は早期に「助成金」をあてがいました。

バケーション・コロニーと給食

「バケーション・コロニー」というのは、不健康で虚弱な子どもたちを世話する社会福祉施設であり、一八七〇年代には、ドイツの多くの都市に設置され、二〇年間続いたといいます。夏の数週間を、子どもたちは教師と医師の付き添いで、田舎にあるその施設で過ごし、教育を受けるものです。

ここで働く人々（教職員）が一八九〇年に、ライプチッヒ市で合同集会を開きましたが、その報告者たちは、異口同音に、「この施設は子どもたちにとって利益のある良い生活である」と確認しあいました。その結果、多くの「コロニー」は、冬期にも子どもを預かることにし、食事も充実させていきました。こうして、この食事によって、子どもたちがいっそう強健になっていくことに気づくようになったといいます。

これをきっかけに、以前にもまして、「コロニー」の設置者や教職員たちは食事への強い関心を向けるようになりました。その結果、「夏や冬に田舎のコロニーに子どもたちを送るよりも、日々の日常生活のなかで子どもたちに良い食事をさせることが重要である」と、考えるようになりました。

このような経過をたどりながら、このライプチッヒ市での学校給食をテーマとする調査と議論をとおして、プロシャ連邦政府の権限と支援とによって、「学校給食」が開始されることになったのでした。これを画期として、一八九六年の時点では、ドイツの七九市で学校給食が実施されるに至ったといわれています。

その後、一八九六年から一九〇五年に至る一〇年間において、「国家法」として、児童労働を制限することとともに、学校給食を実施せよという運動の発展は、「国家的問題」となっていきました。

このような運動の歴史を積み重ねて、一八九〇年から一九〇七年の一七年間において、約四六%の児童に対して給食が実施されるようになりました。「バケーション・コロニー」の設置からは、三七年間が過ぎていました（Louise Stevens Bryant,"School Feeding", 1913, pp. 103-105）。

シュツッツガルト地域の朝食給食

シュツッツガルト地域の多くの市において、子どもたちが学校に登校してからの午前中の「朝食」（午前一〇時ごろ）、すなわち「午前中の「給食」」が提供されるようになりました。一九〇六年以降、年間を通して、ウィーク・デイの朝、パンとミルクの「朝食給食」が行われます。この事業は、学校医の支援と市当局の完全な支援（出資）のもとで実施されました。財政面から、この「無償給食」を受けられる子どもは真に援助を必要とする子どもに限定され、それ以外の子どもは給食費を払わねばなりませんでした。給食業務には、市当局が作成した『規程』があり、「センターの配置、ミルクの種類、調理場や食堂（ダイニング・ルーム）など、全般的な衛生管理」について規定されていました。その『規程』をもう少し詳しくみると、次のようです。

① 各々の学校区に、朝に、パンとミルクが給食される一校を設置すること。
② 六日で八セントの食事券は、リスト化された子どもたちに対して学校で売らねばならない。

③　学校の調査委員会が真に必要とされる子どもを発見したのでなければ、無料食事券を渡すことはできない。

④　朝食代金を支払う子と、無償で食事を受ける子どもとの間に、いかなる目に見える区別も、あってはならない。

⑤　すべての子どもに、トウモロコシなどのひきわり粉四分の一リッター、あたたかなミルクを半分よりも少し多い目のもの、そしてロールパンを与える。

⑥　市の特別ディレクター（取り締まり役）は、各々のセンターに配置され、給食サービスの促進と清潔に対して責任をもつこと（Louise Stevens Bryant.*ibit.*, pp. 107-109）。

このように、子どもの生活実態に目をくばり、食事内容にも細かな配慮をした多くの都市があったことに感銘を覚えます。

最貧困層家庭の子どもへの特別給食

両親が早朝から夜遅くまで終日、家を離れて働いている家庭の子どもたちも、少なからずいました。ドイツでは、このような家庭や子どもたちの生活実態にも目を配り、対応策をとっていました。シュツッツガルト市当局は、この子どもたちに、午前中は「あたたかなスープの食事」を与え、昼食には「肉や野菜の入った食事」が、市内の四つの調理場から搬入されて食べたといわれます。毎日、約二〇〇人の子どもたちにこのような食事（給食）が保障されました。それに加えて、家庭で暮らせない「子どもの家」

で生活している子どもたちにも同様な食事（給食）が毎日、提供されました。その子ども数は、全市で三六〇〇人であったといわれます。これらの給食は、朝と昼との二回の給食ですから、「特別給食」と呼ばれていました。

この市による「特別給食」は、市内二五か所の「センター」で作られ、そのうちの四か所が市の直営であったようです。前述した「子どもの家」への給食（無料給食）の比率は二六％に及ぶものであったといわれます。

このような「朝食給食」は、シャーロッテンブルグ市においても、一九〇六年から始められたといわれます。この市では、市の「保健委員会」の職員が、すべての家庭の一軒一軒を訪問して子どもの食事状況を調査し、「不定期的にしか食事を食べていない」、あるいは、「一日一食も食べずに登校することもある」というような子どもがいることを、発見しました。これらの子どもたちは、同市全体で約三〇〇〇人いることが同調査でわかりました。

このようにして、市の「保健委員会」の指導の下で、「朝食」の学校給食がはじめられました。「昼食」給食は、「子どもの家協会」の直接的な指示の下で、「給食特別センター」で作られ、子どもたちはそこに食べに行きました。これらのすべての経費は市が負担しました。

一九〇八年の終わりごろには、一四〇〇人の子どもたちが「朝食と昼食の給食」を、年間を通して提供されたといいます。給食費は、公的・私的な慈恵協会の名簿に親の名前が載っている子どもに対しては無償給食が許可され、それ以外の親に対しては有料とされていました（Louise Stevens Bryant, *ibit.*, pp. 110–

111)。

一九〇〇年代初めに広がった就学率と給食の制度化

一九〇〇年代の初頭には、初等学校への就学率は九三％に達し、中等・高等教育機関も整備されて、他国にも比して、広い層からの進学者を受け入れるようになっていました。さらにまた、女子教育の発達もみられるようになったのです。

こうして、教育や学校が広がっていくなかで、学校給食についても諸会議において「国家的視野において実施されるべきである」との提案が、出されるようになりました。最も有名な提案は、医師のマックス・ラブナー（ベルリン大学）の提言で、「通学する全生徒を対象とする規模において給食制度を考えるべきである」として、次のような課題を提起しました。

(a)「食」を含めた広い意味での教育は、子どもの栄養問題とあわせて決定されねばならない。正しい栄養の最小限は、生理学的土台の上に立って決定されなくてはならない。

(b) 食材料等の販売は、市の市場やストアで、貧しい家庭やとくに子どもの多い家庭でも買うことができるように低価格にしなくてはならない。

(c) 市当局や私的な組合・協会によって、「市民のための給食調理場や食堂」が設置されるべきである。

こうして、「国民的な給食」へと発展させていくために、学校給食の「法制化にかかわる提言」もされました。

この点について、教育研究者のヘレーネ・サイモン婦人は、次のような提言をしました。

(1) 学校給食、とくに「無償給食」は確実なニーズを把握して用意されなければならない。税金を払えない、あるいはまた、慈恵協会のリストにある親の子ども、または、収入が九〇〇マルク以下の家庭の子どもたちには、「無償給食」が支給されなければならない。

(2) そのような救済リストは、毎年の「定期的調査」にもとづいて、作られねばならない。

(3) 給食の食事内容は、生理学的な土台に立って、決定されなくてはならない。

(4) 給食をする場所（部屋）は、校外ではなく「学校内、および学校に隣接する建物内」で行われなければならない。

(5) あらゆる事柄についての決定は、市と教育委員会が行うべきである。これらがネグレクトされた場合には、国家管理委員会が介入・調停するべきである。

以上のような議論は、一九〇九年五月に行われましたが、その後に「国レベルの法制」が作られたといわれます（L.S.Bryant, *ibit.*, 1913, p.129）。

以上のようにドイツでは、一七〇〇年代初頭から「初等教育の義務化」がスタートしましたが、その学校法制の制定以前から、市当局が市民の家庭や子どもたちの生活実態に目を注ぎ、適切な養護や給食の事業に行政当局が責任を果たしてきたことがわかります。

第２節　フランスの学校給食の歴史

民間団体の運動から始まった給食事業

フランスには、一八四〇年代から、子どもたちを援助するための「学校基金」（Caisses des Ecoles）を組織する民間の運動が展開されていました。この組織は、イギリスの子どものための「養護委員会」（Care Committee）と同じような事業をめざしていました。また、一八四九年には、パリ市第二区において、市民団体である「市民の生活防衛・保護団体」という組織が活動を始めていました。

これらの組織や運動の目的は、「衣服や靴がないという理由で学校に通えなかったりする貧困な児童たちが通学できるようにする」こと、また、「昼食が食べられるように学校給食を実施できるようにする」ことを、大きな運動課題としました。言い換えれば、①貧困児童が通学できるように生活を助けて「就学を奨励」し、②学習や授業に参加ができるように「給食事業」を起こすことを、目標としたのです。

一八六二年に、パリ市第二区当局も、この①、②の課題を受け入れて自らの事業計画としました。

一八六七年には、フランスの文部大臣も、その事業の価値に大いに注目していることが住民に広く知られることになりました。そして、この年に、フランスの全地域（コミューン：最小単位の地域自治体）において、この「学校基金」の設立を認可することを含む「学校法」が可決・制定されました。その内容は、次のようなものです。

「完全なる承認をもって、各市議会は地域（コミューン）において通学を奨励し高めるために学校基金を設置することを決定すること。この基金によって、企業で働く子どもや貧困な児童に援助を与える。この資金の歳入（収集）は、ボランタリーな寄付、地域自治体（コミューン）の助成金や政府各省の財政（予算）や国庫（政府預金）により負担される。この資金の収集業務は、教師の手で無料（好意）によってなされるべきである。」（一八六七年四月一〇日）とされました。

同年には、文部大臣のヴィクトル・デュレイは、フランスの各知事に対して「学校の衛生環境、子どもたちの栄養状態について特別の注意を向けるように」との趣旨の『勧告』を発しました。

学校給食が実施される

その後の一〇年間（一八六七〜一八七七年）において、フランス全土の四六四か所において、学校給食が実施されたのです。こうして一八八〇年には、パリ市において、「パリ市の行政当局は、学校給食事業を全面的に支援する」ということが、市中において確定的に認知されるようになったといいます。

また、一八八〇年以降において、パリ市当局による「学校給食の支援事業費は、「公教育の通常の経費」として支出される」ということが、全フランス中においても一般的に認識されるに至ったといわれます。

一八八二年には、「義務教育法」が制定されて「初歩教育」が義務化されました。この時にも、一八六七年の「学校法」に規定された「学校基金」は、「給食の実施のためにすべてのコミューンにおいて設立されるべきである」と再確認されました。それは、子どもの教育と福祉とは、市民、地方自治体、そして、政府の三者共同で保障・実現するという「体制」を示すものであり、今日に通じるものといえるでしょう。

このような経過を経て、「学校基金」は創設時には、「民間の自主団体」の一つでしかありませんでしたが、パリ市の「市制」によって「公的な教育財政制度」として発展的に改組され、学校給食や児童福祉などを保障する財政的基盤が確立されることになったのです。

この組織の最高位の決議機関は、「一般委員会」と呼ばれ、「市長」、「市議会の議員」、「地区の査察官」、「学校基金寄付者」によって選ばれた二〇～二四人の委員によって構成されていました。貧困児童の給食を実現・実施しようという当初からの目標も、この「一般委員会」の会議において、発展的に追求されていったのです。

このような国民的かつ国政的な組織体制のもとで、フランスの「学校給食」は「法的な義務」として実施されるに至りました。給食だけではなく、医師による子どもの健康診察、子どもの休暇施設の整備、遠足の補助、学童保育なども「学校基金」の支出対象でした。

パリ市の学校給食の思想と給食行政システム

パリ市は、すべての学童に適切で十分な栄養価のある給食を完成させた「世界で最初の偉大な世界都市である」ともいわれます。また、チャリティー（慈善・慈恵）としてではなく、「教育としての基本的な信念」をもって行われた給食であるともいわれます。

このようにして、子どもたちを守り育てるという「精神的文化」を国のなかに育てるために国家が責任をとるという体制で、子どもの身体的・文化的な成長を準備することに目標が据えられたといわれます。このような「給食の思想」は、一八八〇年代にほぼ固まったものですが、イギリスでは、その約二〇年後の一九〇六年「教育・給食法」において、フランスの給食思想を見習うものでした。

学校給食の実施担当機関は、前述してきたように「学校基金」（その組織のなかの「学校給食委員会」）にゆだねられました。同委員会は、給食の実施にあたって、次のような三つの原則を、明らかにしていました。

第一の原則は、すべての子どもに給食を保障することです。給食は「有料」でしたが、給食費を払えない子どもには、無料で給食が出されました。無料給食の要求は学校長から提起されたのですが、「給食委員会」がその調査にあたりました。

第二の原則は、給食費を払う子どもと、無料給食を受ける子どもとの間に、いかなる区別（差別）をもつくらないということです。そのために、同一の無料チケットを配るというシステムを決定しました。このチケットの分配は「学校給食協会」と市長の指示のもとタウン・ホールで取り扱われました。

第三の原則は、給食事業は、「委託方式」か「直営方式」で行うというものでした。多くの地域では、「直営方式」が選ばれたといいます。

この学校「給食委員会」による「直営給食」の管理運営のあり方は、今日のレベルからみても見劣りしないものだと思います。その一端を箇条書きで示しておこうと思います。

(1) 学校「給食委員会」の正規職員二〇人のメンバーによって全般的な管理運営を行う。この委員会は、少なくとも月一回の会議を開く。

(2) 学校「給食委員会」は、食材の小売商を選定し、各給食所の労働者（調理員）を選び、規則を示す。

(3) 各学校給食所に一人の女性「検査官」を置く。また、一五〜二〇人の女性ヘルパーを置く。

(4) 学校「給食委員会」の外部に、食材の購入、質の検査、会計などを担当する人を置く。

(5) 食材は常に、最高品質のものを購入する。肉は一般的に使用されているものとする。

(6) メニューは、肉、野菜スープ、野菜やマカロニなどで和えられたものを含むこと。

(7) 「検査官」は、一日でたくさんの学校の給食所を訪問し、食材、調理法、給食準備、サービスの過程などをチェックする。

(8) 「給食委員会」のメンバーも、いろいろな学校の給食を視察し、その報告書を提出すること。

以上のような給食業務に関する管理運営のルールは、ひとえに子どもの最善の利益に資する給食づくりをしようという「学校給食委員会」の姿勢を象徴するものであると思われます。これこそは、子どもたちの人間の尊厳を堅持し高めようとするフランスの学校給食の根本精神の表れであると思います。

むすび――市当局が積極的に給食事業を担ったフランス

パリ市を中心に、フランスの学校給食の発展を述べてきましたが、その他の地域や市においては、パリ市よりも以前に、市当局の支援や主導（負担）で給食を実施し充実させてきた地域がたくさんありました。その事例について、コンパクトに触れておきたいと思います。

フランスで一番早くに給食を実施した地域は、アンガース市であったといわれます。この市では、一八七一年に、「学校連合調理協会」（公立学校生徒キッチン協会）に対して、市が財政的援助をして、冬季のみでしたが給食を始めたとされています。

一八八〇～九〇年ころには、多くの市当局が「自己資金」によって、市の直営方式、あるいは民間委託のかたちで、市当局主導の学校給食を開始しました。

ハブレ市は、一八九八年に、市当局が市の「基金」をもってボランタリー協会に付託し、通学児童の六二・五％に給食を実施しました。貧困児童には無料給食が出されました。

マルセイユ市では、一八九三年に、市当局の「財政負担」によって学校給食が組織されました。幼児学校にも、同様の給食が出されました。

ニース市でも、一八九六年に、市当局の財政負担によって「給食委員会」が設立されました。この市では市議会の議決によって、直営給食が実施されました。また、同市は幼児学校の給食に対しても、市当局が全面的に財政負担をしました。しかも、貧困児童に限定せず、「すべての子どもに対する無料給食」が実施されました。

このようにして、一九〇九年には、フランスの約六〇％の学校において、市の「直営方式」による学校給食が公的基金をもって行われるまでに拡充・発展しました。残りの四〇％の学校は、市の財源による「民間委託」方式での学校給食でした（L. S. Bryant, *ibit.*, 1913, pp. 77–97）。

こうして、ほぼ一〇〇％の学校で、ボランタリーや寄付金等ではなく、市の「自己財源」（予算）による給食が行われるようになったのでした。これらは、今日の学校給食と同じように、市の教育予算（給食施設・設備、道具・器具の購入、調理員給与、委託費など）に組み込まれた学校給食予算を充てて行う学校給食制度です。

フランスでは、こうした近代的な給食制度が、早くも二〇世紀初頭には確立されていたのです。このようなフランスの学校給食の実施状況は、教育の重視と一体不可分なものとして、給食・食育が広く認識されていたことを物語る史実であると思います。

第3節　西欧諸国の学校給食の歩みと発展

第1節でドイツ、第2節でフランスの学校給食の発展史をみてきましたが、西欧諸国における学校給食の歴史は、これにとどまるものではありません。あまり諸外国の給食史をみる機会はないので、以下に簡潔に、他の西欧諸国の学校給食の開始とその発展史の特徴をみておきたいと思います。その西欧諸国とは、スイス、イタリア、オーストリア、ベルギー、オランダ、デンマーク、ノルウェー、スウェーデンです。

スイスの学校給食史

スイスは、一八〇〇年代の後半から、「貧困」や、多くの「遠距離通学」する子どもたちを念頭に、正午の給食をすることができる施設を作るべきであるという論議が、「市議会」のなかでも高まってきました。

一八九〇年を過ぎるころから、子どもたちに「食事と衣服を給与する」システムについての議論が、大々的に展開されるようになりました。

こうして、一九〇三年には、給食等を子どもに保障することは、「各州政府」や「地方自治体（市）」の義務であるとの「国家法制」が作られました。この給食事業は、最初は「民営のボランタリー協会」によって行われましたが、州当局や地方自治体（市）が、その「援助金」や「基金」を負担しました。しかし、「ボランタリー協会」の給食業務にずさんさや浪費的傾向があったので、「市当局自身」が給食事業を担い管理運営するようになったといわれます。

一九〇六年には、スイス連邦国家も連邦政府の「補助金」を給食事業に支出するようになりましたが、各州当局は自己の「州基金」を給食事業において減らすべきではないと告知しています。

このようにスイスは、各州ではなく、「国の責任」において学校給食の事業を実施した世界最初の国の一つでした（M. E. Bulkley, The Feeding of School Children, pp. 257–258）。

イタリアの学校給食史

イタリアの学校給食も、最初の歩みは、ボランタリーな団体によって始められました。すなわち、「援助と慈恵基金委員会」が初歩学校に通う貧困な子どもたちを援助するために設立されたのでした。

一八九七年に、「公教育省」は大都市の「学校行政当局」宛に「補助金」を支給しました。この時を境にして一九〇二年から、給食事業を「市の直営」で運営することになりました。時は前後しますが、ミラノ市では、一八九〇年から一九〇〇年にわたって、学校給食の実施を求める民衆運動が高まり、一九〇〇年には小学校に通学するすべての子どもに対して給食を実施することが決定されていました。

この給食の「目的」は、単なる「３R's の教育」（Instruction）を支えるものとしてではなく、「最大限に広い意味における教育」（Education）として、すなわち、「徳育など広い人間形成のための教育」を充実させる「教育活動の一環としての給食活動」が求められていたのでした。

この給食事業が進むにつれて、「給食は教師と子どもたちとの親密な関係を築くものであり、また、裕福な子どもと貧しい子どもとが、同じ共通の食事を通して協同しあい、兄弟・仲間としての感情・情操を育むもの」という認識が広がっていました。

このような体験をもとに、給食は「すべての子どもに対して無料」で提供されるようになりました。給食の内容や質を向上させるために、その財政確保の策として一九〇六年には、最貧困の子どもは除いて「無料給食」を廃止し有料化しました。一九〇八〜一九〇九年には、イタリア全土の四三市において給食が行われるようになり、全国の総学齢児童の三七％が通学し給食を受けていました。他方で、学齢児童の七〇％以上が給食を食べていた少数の都市もあったといわれます（M. E. Bulkley, *op.cit.,* pp. 259–260）。

オーストリアの学校給食史

オーストリアのヴィエンナ市では、一八八七年に貧困な学童のために給食を行う「学校給食中央協会」が設立されました。市長はこの「協会」の総裁であり、市当局のなかに給食の「行政委員会」としての「給食審議会」が設置されました。この給食は一一月から四月までの冬季六か月間だけの実施でした。給食する場所の多くは、「街のレストラン」が多かったようです。教師たちも子どもと一緒にそこへ出かけて行って、子どもへの指導や助言の責任を負いました。一八八八年度には、市議会は、「学校給食中央協会」に補助金を出しましたが、それは年々少しずつ増えていきました。

一九〇九年に、ようやく公立の新設校内に「自前の調理室（キッチン）と食堂（ダイニング・ルーム）」ができて、子どもたちは自分の学校内で給食が食べられるようになったのです（Louise Stevens Bryant, "School Feeding", p. 143. M. E. Bulkley, *op.cit.*, p. 263）。

ベルギーの学校給食史

ベルギーの都市の大部分において、一八九〇～一九〇〇年の一〇年間にボランタリーな給食組織が設立されました。

ブリュセル市においては、給食事業の組織は「進歩クラブ」（給食センター）という団体にゆだねられ、一八八八年、学校で「スープ食」の給食が始められました。市当局は、各学校に食卓（設備）を供与したり、食事を学校などに配送したりして援助しました。一八九一年には、市当局から給食事業に「補助金」も支給されました。

一八九四年には、給食事業を充実させるために、市当局は市立学校に通う子どもたちの食事・衣服・住居などの調査をし、約二六％の子どもが十分な食事をしていないことを認識しました。これをきっかけに、市は歯科医師を学校に配置し虫歯治療をしたり、予防的な医療も実施しました。これらの経費は、すべて市当局が負担しました。

　リージェ市では、一九〇一年に「給食委員会」が設置され、市立小学校の一年生には全員を対象とする給食が実施されました。他の学年の場合は、必要な子どものみに「スープ給食」が行われました。しかし、これらの給食は冬季の三か月間だけであり（一九〇五年には六か月間に拡大）、その対象児童は、その両親が終日働きに出かけている家庭の子どもに限定されるものでした（Louise Stevens Bryant,*ibit.*, p. 145）。

オランダの学校給食史

オランダは、学校給食の「国家的法制」を早い時期に制定した国の一つでした。すなわち、一九〇〇年に「義務教育法」を制定して、「市当局は、すべての学童に対して学校給食を実施し、衣服を供与すること」としました。それは、公立学校であろうと私立学校であろうと、毎日、通学することができないほどに食事や衣服に欠ける子どもに対して、これらのものを学校が供与するように要請したものでした。

　このような食事等の実施・供与は、市当局によって「直営」で行い、直接に供与されるべきものとされました。私立学校に対しても、「補助金」を支出するという方法で、給食事業が行われました（Louise Stevens Bryant,*ibit.*, p. 130）。

デンマークの学校給食史

デンマークの都市のいくつかでは、一八七〇年代から「民間の施設」によって学校給食が行われていました。一九〇二年に、法律が制定されて、市当局が民間の給食業者に「補助金」を出すことが許可されました。しかし、このシステムでは十分でなかったので、一九〇七年には、市民の給食運動が高揚したこともあって、学校給食を義務化する「国家法」が制定されるようになりました。

コペンハーゲンでは、市当局は一九〇二年、「公立無償学校への給食提供協会」に対して「補助金」を支出しました。この「協会」は、もともと完全な民間業者ではなく、七つの市立学校視学官などによって構成される市の「行政委員会」であったため、実質、「市による給食業務機関」であったようなものでした。給食事業経費の半分以上は、市の「補助金」によって支えられました。

この学校給食は、週三日間のみ供与され、約三三%の学童が給食を利用したといわれます (M. E. Bulkley, *op.cit.*, p. 266)。

ノルウェーの学校給食史

クリスチャニア市は、欠食の学童たちに対して、「市直営の学校給食」を行ったノルウェー国内で最初の都市であったとされています。この給食制度は、一八九七年に開始されましたが、上程された法案では、「すべての初歩学校の子どもに、食事を「無料」で分配する」というものでしたが、否決されたといいます。

一八九七〜九八年の冬季に、給食を受けた学童の割合は約二六%と少なかったため、この給食は「無料」

で提供されました。この給食制度は、他の都市にもひろがり、良質の食事を税金（市の予算）によって全部賄うというシステムで、「学校行政当局」によって提供されるようになりました。

このように給食事業が広まっていくにつれて、「この無料の学校給食制度は、それにかかる費用よりも、もっと重要な価値のある優れた事業である」という認識や評価が、市の広範囲の人々の間に広まっていったといわれます。

トロンドジェム市では、「学校給食法案」は、最初、社会主義者の政党から上程されたのですが、それは厳しい反対によって阻止されてしまいました。しかしその後、学校給食への積極的な評価や認識が広まっていくなかで、一九〇六年には、すべての党派によって満場一致で同「法案」が可決されるに至りました（M. E. Bulkley, *op.cit.*, p. 267）。

スウェーデンの学校給食史

スウェーデンの多くの都市においては、一八八〇年代から貧しい学童に対する給食の計画が始まりました。それはまず、「民間の自主団体」の事業として始まり、市当局からの「補助金」がつけられました。やがて「ストックホルム市当局」が主導して、最初の「無料給食」事業が実施されました。

この給食を受けるには「自尊心」が許さないと感じてしまう親を説得するために、「給食事業団体」のいくつかは、「子どもたちに手工（手仕事）をやらせることで、給食費を賄えるような計画」を考えました。その手仕事とは、「売れるような籠を作ること」「衣類の繕いをすること」「部屋の掃除をすること」などでした。給食事業団への偏見は、それでも変わりませんでした。ストックホルム市当局は、この解決策を検討しました。

この検討を経て、一八〇〇年代の終わりごろ、いくつかの教区では、「教育委員会」自身が「学校内に調理室（キッチン）を作る」という解決策を打ち出しました。この調理室には、いくつかの炉（かまど）があり、その各々の炉で子どもたちの食事が、年長の上級生の女生徒によって作られたといいます。慈恵的ではない、このような教育活動によって給食観も変化していきました。子どもたちは、このようにして週三回のみ、そのような「給食」を受けるのでした。

ヨンケピング市では、一八八七年から「市当局による無料給食」が始まったとされています。寄付金やコンサートの実施によって捻出された「基金」は、教育委員会立の学校の視学官が管理し、食物の分配は教育委員会が監督しました。

同市においてはまだ、給食の調理場がなかったために、子どもたちの昼食のために市当局から許可を得た婦人の家（民家）に出かけて行って昼食時を過ごすということがあったとも、いわれます。それも、週二回程度の機会であったようです。

ゴーテンブルグ市では、「ボランタリー協会」による給食のほかに、教育委員会が自ら選抜した極貧の家庭の子どもたちには、パンを分配するということがあったともいわれます（M. E. Bulkley,*op.cit.*, p. 268)。

第4節　アメリカ合衆国の学校給食の歴史

西欧諸国と比べれば、アメリカにおける学校給食の開始は遅いものでした。子どもの貧困に、それほど関心が向けられない社会状況にあったのかもしれません。一八六一～六五年には、アメリカ合衆国の内戦である「南北戦争」が起きました。この戦争で戦死者は六一万人余にのぼりましたが、他方では、黒人奴隷制度が廃止されました。地域間の対立を残しつつ、北部を中心として新しい産業社会の発展の時代に入ったともいわれます。

通学させるための給食の始まり

一八五三年に、ボランタリーな組織としてニューヨーク市に「児童援助協会」（The Children's Aid Society）が設立されました。この「協会」は、貧困家庭の子どもを集めて職業教育を行いました。当時のニューヨーク市には、「昼間産業学校」（Day Industrial School）がたくさん存在しており、そこで働き学ぶ子どもたちに給食を提供したといいます。

ジョン・スパルゴ（John Spargo）の"The Bitter Cry of Children"（『子どもの激しい泣き声』一九〇六年）やロバート・ハンター（Robert Hunter）の"Poverty"（『貧困』一九一二年）が刊行される時代になって、子どもたちの食の貧困にも大きな関心が向けられるようになったといわれます（M. E. Bulkley, *op.cit.*, p.

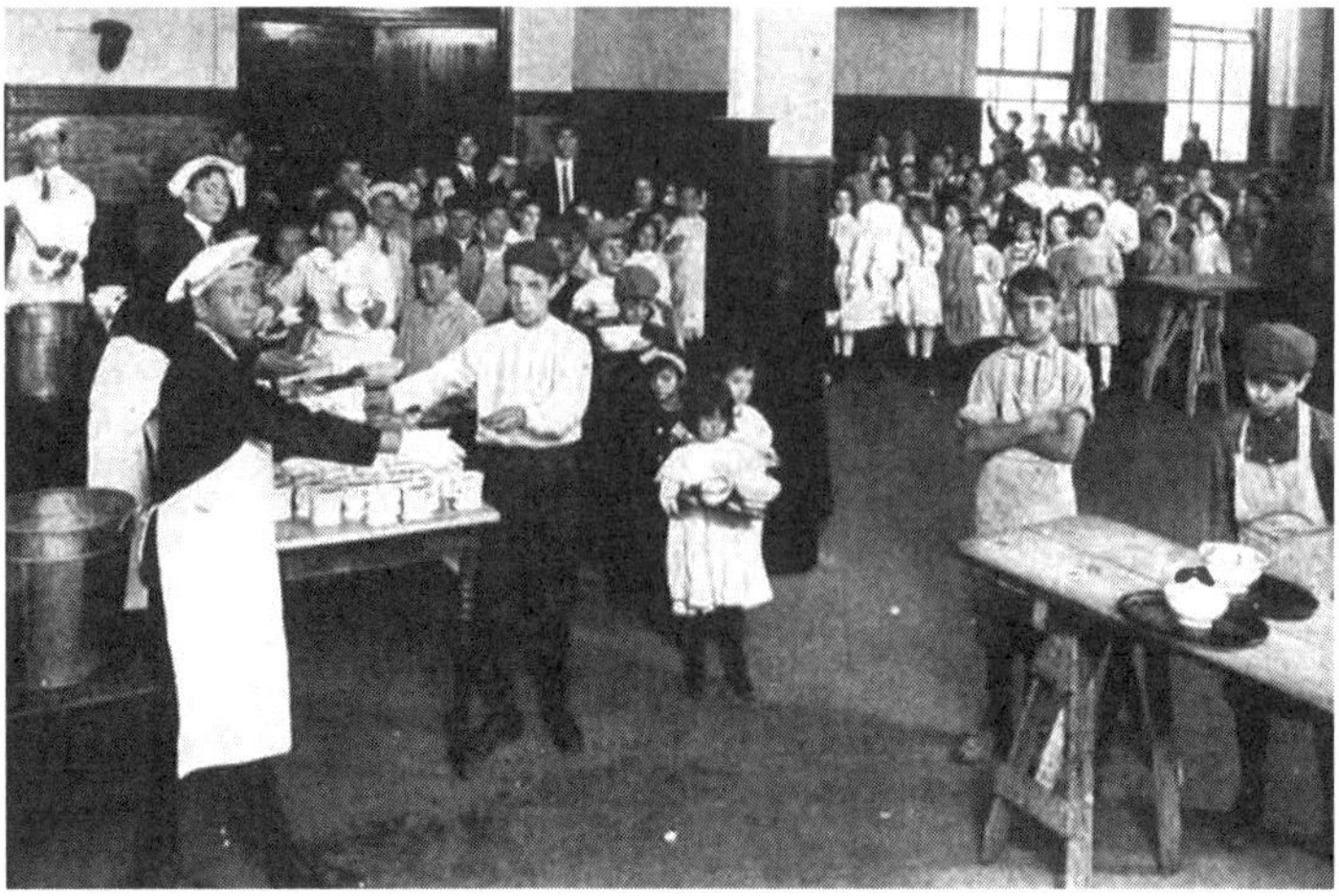

ニューヨーク市　列になって給食を受ける子どもたち

268)。

ロバート・ハンターが、その著書で、「おそらく六万～七万人のニューヨーク市の子どもたちが、何も食べずに学校に通い、学業を充実してやり遂げるには、あまりにも不都合な状況にある」と書いた時、学童のなかにみられる「欠食問題」への強い関心が、人々のなかに生まれることになった、といわれます。

ニューヨーク市の給食

ニューヨーク市では、一九〇八年に「医師とソーシャル・ワーカーたちによる学校昼食委員会」が設置され、子どもたちが「3セントランチ」（自分で買ってくるもの）を持参できているかどうかを調査したと、いわれます。これの意味するところは、アメリカのほとんどすべての都市では、通学するときに「ランチ」を自分で購入し持参することが当たり前という学校観であったということです。

この調査の結果、自前で「ランチ」を買えない子どもが多かったので、「市教育委員会」は、この調査対象にはなっていなかった他の学校を含めて、「給食」としてランチを子どもたちに供与するために、給食調理室や、備品、調理道具などの購入費やガス代を負担しました。まだ、ダイニング・ルーム（食堂）はなかったので、地下室で食べたといわれます。

しかし、こうして始められた学校給食の食事内容は、よく調理されたもので、給仕の仕方もよかったといいます。年長の子どもたちは、給食職員の仕事を手伝ったといわれます。「学校医」が食事の献立を考えました。そのメニューのメイン・ディシュは、たとえば、スープ、シチュウ、ライス・プディングなどで、子ども一人当たり四セントの給食であったようです。これに加えて、デザート、ケーキなども出されました。この給食は、有料（自己負担）が原則でしたが、無料で給与される子どももいました。

フィラデルフィア小学校の給食

フィラデルフィア市の給食

フィラデルフィア市では、「スター中央協会」という民間の団体が、一八九八年以降、いくつかの学校に対して給食を行ってきました。その後、「家庭と学校連盟」という組織が給食業務を担うようになりました。この団体は、「午前一〇時ごろの給食」と、「正午の給食」とを用意しました。その給食の食事内容は、あたたかなスープかライス・プディングがメインで、子どもたちは、これに加えてデザートやケーキなどを好んで食べたようです。

この給食は、「自己負担（有料）」で行われ、教師たちも給仕などを手伝い、子どもたちと一緒に食べたといわれます。食器の片付け、食器洗いなどは、職員の監督や指導のもとで子どもたちが分担しました。この地域でも、給食計画や調理用具の購入や、子どもの心身の状況について家庭訪問をする監督者は、栄養学者が行う研修を受ける必要がありました。

ボストン市の給食

ボストン市では、一九一一年ごろに、「家庭・学校衛生委員会」という団体が、学校給食を組織的に実施することを始めました。この学校給食は二二の学校において供与されました。給食設備や備品などは、同委員会が負担しましたが、給食費（食事代金）は子どもの側の「自己負担」でした。調理室（キッチン）のある学校では、料理学科の子どもたちが給食の準備や給仕をしました。こうした組織的な努力が普及して給食が広がり、学校給食制度の基盤が整い始めました。

一九一二年ごろには、アメリカ全土で、およそ三〇都市において学校給食制度が組織され、少なく見積もっても二〇都市が学校給食の実施について検討されているというレベルにまで達しました。このような給食実施にかかわって、さらに合衆国政府の関与があるべきだとの世論も大きくなってきたともいわれます。

学校給食の立法化を求める声は、マサチュウセッツ州で起きており、その下院の文部委員会で、「学校委員会が学校財政（予算）の一部を学校給食に割り当てることを許可する」という内容の法案が報告されました。

以上のように、アメリカでは、一九一〇年代になって、貧困家庭の子どもを対象にした学校給食は、シンシナティ、セントルイス、シカゴ、ロスアンジェルスなどの大都市を中心に急速に発展していきました。一九二〇年代には、これがさらに広がっていき、多くの都市で市の「教育委員会」が責任をもって学校給食を提供することに至ります。「ニューヨーク市政調査会」の資料によると、人口五万人以上の八六都市において、小学校の二五％、高等学校の七六％という割合で、「市教育委員会」の主導による学校給食が実施されるに至ったといわれます（M. E. Bulkley, *op.cit.*, pp. 268–270）。

教育としての学校給食への発展

一九二〇年代以後にも、さまざまな給食をめぐる動向がありました。こうした歴史を経て、アメリカが、給食に対する教育的価値を追求するようになる歴史的画期は、第二次世界大戦終了後の一九四六年です。この年に、アメリカの給食基本法としての意味をもつ「連邦学校給食法」（National School Lunch Act of 1946）が制定されました。同法は、一一のセクションからなる短い法律です。

その要点は、①連邦政府は、給食への財政支援を行う、②給食は五歳から一七歳まで（幼稚園児童から高校生）を対象とする、③補助金は給食施設・設備、食料保管、運搬、食料そのもの等を対象とする、④

農務長官が栄養条件等を示す。無料や割引給食も提供する、⑤営利事業は禁止する、⑥学校給食の教育活動に連邦および州政府が介入することを禁止する等々、です。こうして、給食は「学校の教育活動」の一環として位置づけられるに至ったのです。

この法律に関しての研究者の「法律解説」では、「教育課程の一環としての給食教育」の内容が、解説されました。その大要は次のようです。給食と食教育の実践を踏まえた、じつに内容豊かで的確な「食教育論」であると共感します。

(1) 知識・情報だけではなく、食の体験や活動をとおして正しい食習慣を理解し、身につける。
(2) 健康で快適な生活をつくるうえでの食事のあり方を学ぶ。
(3) 児童生徒たちが給食活動をつうじて心をつうじあい、居場所を確保する。
(4) 和んだ人間関係、ふるまい、礼儀作法やマナーなど社会的習慣を理解し形成する。
(5) 集団生活のなかで責任を取るという体験から学ぶ。
(6) 食の生産・流通・消費など経済的側面について学ぶ。
(7) 食材や栄養についての直観的・体験的学習をする。
(8) 総じて、食事と人間についての世界観や理念を学ぶこと。

同法は、このような給食活動の価値観や目標を、全教職員が共有すること、これをネグレクトする州や教育当局は「合衆国憲法修正第一四条」違反であり、訴訟の対象となるとまでいわれています（「南部諸州計画会議」の勧告）（Allice C.Boughton, Household Arts and School Lunches, The Survey Commitee of Cleaveland, Ohio, pp.118-122)。

このようにして、アメリカでも、「子どもの権利」として、学校給食活動の教育活動的な実施が、国政上の目標になりました。

アメリカにおいて、ここに至る歴史的な時間は、約五〇年でした。

第５節　日本の学校給食の歴史

私立・忠愛小学校から始まる日本の学校給食

日本の近代学校制度は、明治時代の初期に始まりました。午後にも授業が行われるようになって、給食を実施することも課題になったのです。しかし、その最初期から全員の子どもが学校に行くという状況ではなく、そうなるまでには二〇年ほどの年月がかかりました。

一八七二年（明治五）に「学制」（法律）ができ、その一三年後の一八八五年（明治一八）に「小学校令」ができて、就学四年間の「尋常小学校」が誕生しました。その当時、子どもを通学させることは、国家に対する「親の義務」でした。しかし、授業料等が親負担であったため、多くの貧困家庭は就学させることはできませんでした。就学率は、多く見積もっても五〇％程度であったといわれます。

就学の「猶予・免除」をもらった学校に行けない子どもたちの教育を引き受けたのが、一八八九年（明治二二）につくられた、山形県・鶴岡市の「（私立）各宗協同・忠愛小学校簡易化学校」でした。この学校の教場は、「大督寺」でした。

就学年限は三年間で、毎日二～三時間の授業が行われるという「半日制」（週六日）の学校でした。この学校では、授業料は徴収せず、このときからすでに「おにぎり給食」が始まっていたといわれます。「朝食」も「夕食」も食べられず、おなかをすかしていた子どもたちが多くいたからでした。歴史上、この学校の「給食」が「日本最初の学校給食」であるとされています（同じころ、広島県でも給食が始まっていたという説もあるようです）。

学校運営費や「おにぎり給食」の費用は、各宗派の僧侶たちが定期的に托鉢《たくはつ》をして間に合わせました。いわば、住民からいただく寄付金によって賄われたといえるかもしれません。一八九二年（明治二五）に、同校は「忠愛尋常小学校」となり、午後にも授業が行われるようになりました。子ども全員が「給食」を食べるというのではなく、弁当をもってこられない子どもたちを対象に、「小使室」で食べさせたりして差別意識が生じないように工夫されたといわれます。時々には、全員分の「おにぎり二個、焼き魚、惣菜」が、行われました。

一九〇〇年（明治三三）、火災で同校は消失しました。その関係者たちは、「忠愛協会」を結成し、学校を再建して、一九四五年の敗戦まで教育と給食とを継続させました。小使室が調理場で、二人の女性が栄養士と調理員の働きをしました。

日々の給食のメニューや食材、分量などが記帳された冊子が、今も残されているようです。同校の定員は、男子一〇〇人、女子五〇人、合計一五〇人でした。教育内容は、「小学校令」では、修身、読書、作文、習字、算術、体操の六教科とされていましたが、同校では、読書、作文、習字、算術の四教科が教えられました。

このように、仏教の宗派（真言宗、曹洞宗、真言宗、日蓮宗、浄土宗など）を超えて、寺院の人々が結束して貧困児童の救済に当たったのは、博愛主義の慈善救済事業であったといえるでしょう。それにとどまらず、子どもへの教育の権利を平等に保障するという意義をもっています。この学校の発展に尽くされた宗教者や校長は、「知・徳・体を養成せしめ善良の人民となす」ことを願って、その教育の基礎である給食に力を入れたのでした。

しかし、他面では、この時代から国政上においては戦争体制がしかれ、富国強兵をとおして国家繁栄をめざす日清戦争（一八九四～九五年、明治二七～二八年）、日露戦争（一九〇四～〇五年、明治三七～三八年）の時代でもありました。

河上　肇

英国の学校給食法を日本に伝えた河上肇

河上肇（一八七九～一九四六年）は、京都帝国大学経済学部の研究者で、アダム・スミスなどイギリスの経済学を勉強していました。イギリスに留学して二年目の時、第一次世界大戦（一九一四～一八年）が始まったので急ぎ帰国しました。帰国後の一九一六年（大正五）九月から一二月に、『大阪朝日新聞』に『貧乏物語』を連載しました。

「大正」という時代は、日本の資本主義が軍閥官僚による専制政治によって発展するとともに、労働者・農民の運動の組織化が始まり、労働争議、小作争議が頻発しました。思想や文化の面では、吉野作造（一八七八～一九三三年）の「民本主義」に代表されるように、デモクラシーが高揚し広がっていました。このような時代環境のなかで、「米騒動」が起こったり、「自由教育運動」などが発展したのです。

この激動の時代のなかで、河上肇の『貧乏物語』は、人間の発達という観点から貧困の実態を明らかにし、社会の改革を探求しようというものでした。それゆえに、新しい時代の幕開けを求める多くの読者を引きつけたのです。

河上は、「貧乏」とは「個人の能力とか心がけの問題ではない。「社会の大病」であり、「社会のしくみ」そのものの中に、病根が潜んでいる」と考えていました。そのうえで、河上は次のように言います。

「私のこの物語で貧乏というのは、心身の健全なる発達を維持するに必要な物資さえ得あたわぬことなのだから、……（その貧困という観念自身からして）かならず、われわれの心身の健全なる発達を妨ぐべきものなので、これが利益となるべきはずはあり得ないのである。」

河上は、さらに続けて次のように言います。

「ふつうの人間として大切なものは、①肉体（ボディー）、②知能（マインド）、③霊魂（スピリット）であり、これらを健全に維持・発育させていくことが、人間の理想的生活である。これらを実現する物資を得ておらぬ者があれば、これを貧乏人と称すべきである。これらを維持する最も必要なものは食物である。これ以外にも子どもがおれば、学校にもださねばならない。」

このように、河上の貧乏論の土台には本源的な人間観や人間の発達保障の思想があったことに注目されます。「食物」観についても上述のように、「知・徳・体」を育む土台として位置づけています。

河上は、以上のような観点に立って、「食事公給条例」（イギリスの一九〇六年「教育・給食法」）の制定時の英国議会における論議を紹介しています。

英国議会で、この法律が可決されることにおいて力があった論議は、①「子どもの養育・教育は親の義務だ」と言ってすまされない現実が英国にあったこと、②貧困家庭は、英国のどの市においても三〇％を超えていたこと、③従前のような個人的な「慈善事業」ではなく、公的に国費をもって給食を実施しなければならないと英国では認識されるに至ったこと、④英国では壮丁（軍役）検査の合格者は四〇％しかいないという現実を改善する必要がある等々が明らかにされたと、河上は紹介しました。国民やその子どもたちの食事の貧困は、人間の発達保障の問題であると同時に、国民・国家の存亡にかかわる根本問題であることを提起した『貧乏物語』です。

政府による給食制度の開始――戦争体制のなかの給食

満州事変を起こした翌年の一九三二年（昭和七）、「文部省訓令第一八号」として「学校給食臨時施設方法」という法令が、文部大臣の鳩山一郎から公布されました。これによって、明治維新以来はじめて、国家的事業として国費による給食が実施されることになりました。

当初は、経済恐慌の真っただ中で「非常時匡救《きょうきゅう》対策」として三年間の時限立法でしたが、一九四〇年

(昭和一五)の「学校給食奨励規程」(松浦鎮次郎・文部大臣)まで継続されました。この法令による文部省交付金は、年間約一〇〇万円(県費や市費は別。給食費は一人当たり三~四銭)、これをきっかけとする給食実施校は年間一万二〇〇〇校、給食受給児童数(栄養不良、欠食児童対象)は、約五万人でした。このようにして、今日の学校給食制度につながる国の施策の原型ができたのです。

この制度の歴史的特徴は、給食の対象者(子ども)が限定されていたことです。その対象者は、①貧困児童、②身体虚弱なもの、③偏食がちな者であり、これらの子どもに限って公費給食が支給され、その他の児童は弁当持参か「希望による私費給食者」でした。

この「法令」の目的が書かれた部分を要約すると、次のようです。

「昼食を欠き、粗悪な食事をとる者著しく増加。それによって、児童の健康状態が不良となり就学困難を招来していることは教育上憂慮すべきである。栄養は発育の基礎にして活動の源泉なれば適当な食物を給し栄養の改善を図ること、それによって就学を奨励することは現下の社会情勢に鑑み、緊要なる施設というべし。給食を実施して、就学の義務を果たさせる為に、国庫より給食の施設費を支出することとした。このようにして、保健養護の実績をあげることに努めるべし。そうしなければ、児童の訓育上に好ましからざる傾向を馴致(慣れてしまうこと)するおそれがある。」

以上のように、この法令(「訓令」)のねらいは、欠食をなくし、栄養のある食事をさせることによって、子どもが通学できるようにするために、食事の提供と栄養改善とを国費をもって実施するという点にありました。しかし、これは表向きの一面でした。このトップダウンで命令調の「訓令」には、別の面(政治的意図）があったことは、確かです。

「健兵健民」政策としての学校給食

先に触れた松浦鎮次郎（文部大臣）が一九四〇年（昭和一五）に発令した「学校給食奨励規程」では、給食は児童の就学奨励や保健養護ではなく、「高度国防国家における兵力及び栄力（栄養という力）の必要を確保する」という「人口政策」（兵力の養成・確保）の一環に位置づけられたのです。言い換えれば、戦争政策の一環として健康で強い兵隊や銃後の国民の養成機関として学校給食が利用されるようになったのです。それは、「壮丁検査」（徴兵検査）をにらんで、国家が「国民の体力を管理する」ことを目標とするものだったのです。

栄養学の発展と食の教育的価値への着目

十五年戦争下における学校給食は、子どもの人間的発達などを度外視した戦争体制を強化する政策の一環でしかありませんでした。これとは正反対に、給食や食育への国民の社会的な関心は、子どもたちの身体的・精神的な「貧困」への着目に端を発して、栄養や養護への関心を広げていきました。

佐伯　矩

給食の「制度的確立」へ向けて自治体や国政をリードしたのは、「学校衛生技師会」や「学校看護婦」、「栄養学者」たちでした。「栄養学の父」といわれ、国立栄養学研究所の初代所長を務めた佐伯矩《ただす》（一八七六～一九五九）は、東京府の知事を動かし、一九一九年（大正八）、東京市の一部の学校において栄養改善の目的で学校給食を実施しました。

佐伯が文部大臣に提出した「学校給食に関する意見書」（一九三二年、昭和七）は、次のように画期的なものでした。

① 欠食児童だけでなく、全児童に給食する。
② 教師も児童とともに食事をする。
③ 数校が給食の炊事を共同し、一か所で行うことも可能である。
④ 献立や調理は文部省が専門家を委嘱し、指導する。

このような新しい提案をしたのです。

一九四五年の敗戦時までに、「要給食児童」は全国で七〇～八〇％に及びました。「全児童対象」の給食は、全国的にみると、小学校五七校、中学校五四校、その他三校、合計一一四校であり、児童生徒数では、わずか約六万三〇〇〇人でした。

学校給食の実施が進展していくなかで、「給食観」も変化しました。すなわち、給食の「教育的価値」に着目されるようになったのです。栄養や身体的健康を確保する給食は、同時に「人間形成」という教育的機能をもつと考えられるようになりました。たとえば、次のようにです。

「正しい食べ方がわかるようになる」、「長幼間の親密さが形成される」、「礼儀作法がわかるようになる」、

「道徳心が身につくようになる」などです。給食の食材を生徒たちが学校田で作った学校では、給食活動は同時に「労作教育（労働教育）」として位置づけられるようになりました。この活動は、農業や食料の生産・消費、共同する家族や社会のあり方などを学びあう機会にもなっていったと思われます。

むすび――欧米諸国の学校給食史の特徴と戦前日本の政策的貧困

イギリス以外の西欧やアメリカの学校給食史を概観すると、一八〇〇年代の後半から給食事業への取り組みが始まります。その主たる動機が、就学奨励や通学奨励にあったことに共通性がみられます。また、その事業の担当者は、初期には市民である民間団体であったことが共通しています。しかし、短期間の間に、市当局や国が給食事業の主体になって給食事業を担い、資金の支出を行ったことにも共通性がみられます。

これに比べれば、イギリスの給食事業においては、地方自治体や政府の関心や認識は希薄であり、切実感に欠けるものであったと思います。イギリスを除く西欧各国政府の学校給食観は、早くから「教育としての給食」という認識がもたれていたことにも驚きを感じさせられます。

それに比べるならば、一九四五年戦前の日本には、「教育としての給食」や「食育」の意識は、世論や教育政策において表明されることは希薄であったと思われます。河上肇の『貧乏物語』における「人間発達にかかわる（食の）貧困」の問題意識は、発展していかなかったのです。

第六章　フランスとイギリスへの学校給食視察の旅

既述のように、河上肇（京都帝国大学・経済学部教授）の『貧乏物語』（一九一七年）を読んで、イギリスの「一九〇六年教育・給食法」を知り、イギリスの学校給食の歴史を研究したいと思うようになりました。河上肇が引用していたM. E. BulkleyやL. S. Bryant, Carlton Haysなどの著作を京都大学経済学部図書館などに行って借りだし、読みました。それらの著書には、イギリス社会の変動のなかにおける労働者民衆の生活実態、家族・子どもたちの困窮する様子がリアルに書かれていました。そうした社会状況のなかで、国と社会を支える学校給食の事業や制度が生まれ、発展していく歴史が克明に記されていました。

それらの著作から学んだものを、大学の研究紀要などにも執筆してきました。しかし、一九一〇年代の研究者たちによる給食の著作で読んで、リアルに理解できたとは思えず、実地視察することを思い立ちました。二〇〇〇年三月に、愛知、長野、京都などの学校栄養職員・調理員の皆さんにこの実地視察を呼びかけました。こうして、私の勤務する大学の同僚と二人の学生も加えて総勢二〇人で、約十日間におよぶフランスとイギリスの学校給食の視察の旅に出かけました。もちろん、ツーリストの皆さんにもたいへんお世話になりました。

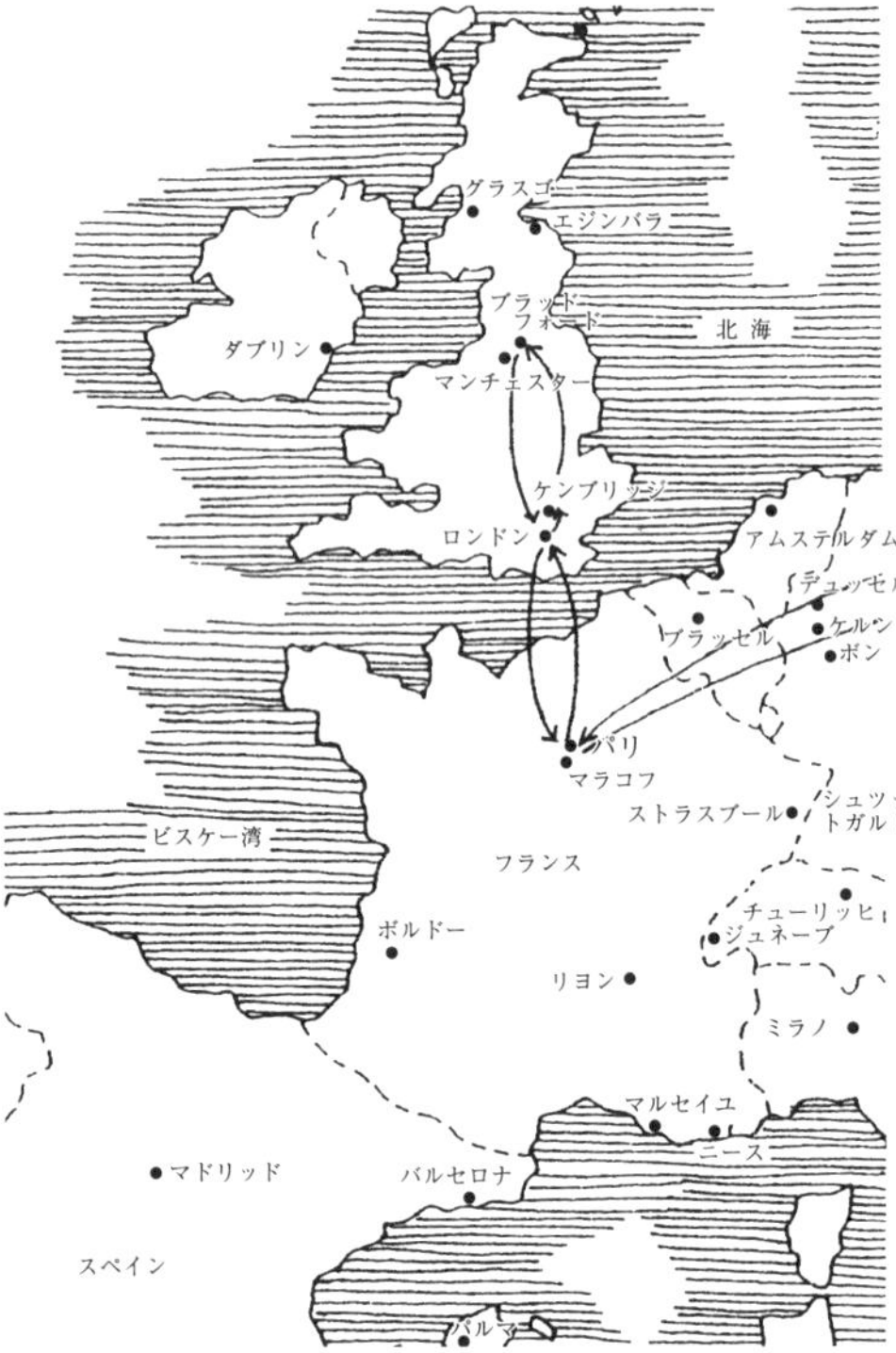

視察旅行の行程

行先は、①パリ市の南隣にあるマラコフ市と市内の二つの小学校、②イギリスの給食発祥の地であるブラッドフォード市と市内の小学校、③ロンドンのイースト・エンドにある小学校です。以下、その視察内容を記したいと思います。

第1節　フランス・マラコフ市の学校給食

シャルルドゴール空港に降り立ってパリに到着した翌日、パリを早朝にバスで発ち、南隣に位置するマラコフ市の庁舎を訪ねました。私たち一行は議場に案内され、円形に作られた議員席に座りました。助役・助役夫人（ミホ・シボさん）をはじめ、市長代理、給食、社会・児童福祉等の責任者が七人も出迎えてくれました。その光景には、「給食は自慢できる」との革新市政の自信が表れているように思えました。早速に、市長代理のマダム・ゴファーさんのレクチャーが始まりました。

マラコフ市職員（庁舎前）

同市は、人口三万人の中規模都市で、小学校の規模も二〇〇人程度であるといわれます。中小企業が多く、市民もこの街で働いています。近年では、女性の八〇％が働きに出ています。そのために、二〇年くらい前のように昼休みに家に帰って家族そろって昼食を食べる子どもは少なく（二〇％弱）、学校給食を利用する子どもが増えているといいます。

同市の給食は、市立のセンターで作って、①幼稚園併設の小学校（全一五校、うち四校には調理場がある）、②年金生活ホーム（老人）、③市役所職員に配送されます（合計で二六〇〇食）。「献立」は、市費で雇用された栄養士が作りますが、老人給食の場合には医師が加わります。

子どもが幸福なら赤字ではない

近年のマラコフ市における給食をめぐる状況は、①階層格差が広がり貧困層が増え、その分、給食の意義が拡大している。②親が食事を作り、食育をするという余裕をもてない今日であり、給食は食育の面でも貢献するという教育的役割も大きく

左がマダム・ゴファーさん（市長代理）
中央は小学校の校長、右は筆者

なっているという、マダム・ゴファーさんの冒頭のお話でした。

上記の①にかかわっては、同市は「応能原則」で給食費を徴収します。一食あたり四五フラン（五四〇円で、人件費・食材費・光熱費を含む）がかかりますが、低所得者は六フラン、高所得者でも三六フラン（四三二円）支払うだけです。これでは赤字になるのは当然ですが、赤字は市財政で負担します。

「給食が、子どもの命と健康を支え、子どもが幸福であるなら、この負担は赤字ではない」。

このマダム・ゴファーさんの言葉に、同市の給食政策のすべてが語られていると思います。この言葉は、給食をとおして子どもへの養護・福祉の役割を確保しようとする強い意思の表れであると思います（日本にも「教育扶助の制度」があり、給食費が無償とされる）。

上記②の同市における「食育の目標」は、⑴食性・食域を広げる、⑵栄養バランスの取れた質の良い食事習慣を身につける、⑶静かに落ち着いて食べる、⑷ファストフード（ハンバーガー、フライドチキンなどアメリカで始まった食文化）を避ける、⑸「味覚の教育」（ジャック・ピュイゼに始まる）を行うなど、日本と同じ課題を抱える状況を、このレクチャーから学びました。

吸音盤のついた食堂

マラコフ市庁舎でのレクチャーを終えて外に出ました。庁舎前には大きな広場があり、午前中には朝市のマルシェ（市場）が開かれます。長い大きなテントを張り、そこで、地元でとれた野菜類を売っています。そこで大きなパプリカを買ってきてみんなでかぶりつきました。この後、歩いてアンリ・バビュルス小学校とジャン・ジョレス小学校を訪ねました。

しかし、この日はフランス全土でジョスパン社会党政府に教育条件の改善を求める教育ゼネストが決行され学校は休みでした。子どもたちに会えなかったのが一番残念でした。校長もデモや集会に参加して不在でしたが、一時間だけ学校に来ていただき校内を案内していただきました。

この二つの小学校に共通する点は、「食事環境」がじつによく配慮されていることでした。校長に案内していただいたアンリ・バビュルス小学校では、食堂に三部屋が当てられ、学年ごとに使われます。五～六人が座れるテーブルと椅子があり、高さも学年に合わせています。さらに一番驚いたことは、「吸音盤」が天井、床、壁のすべてに設備されていることでした。それは、食事は落ち着いた静かな環境のなかでリラックスして食べるものという感覚・文化が息づく光景です。

ジャン・ジョレス小学校でも、食堂は二か所あり、一つは長いカーブのある空間の窓際にテーブルをレストランのように配置しています。人間心地する寛げる学校空間をデザインする精神はみごとです。給食は、子どもの自由選択です。アンリ・バビュルス小学校は、児童数二五〇人で、そのうちの五〇人ほどは家に帰って昼食をとりますが、あとの二〇〇人は給食を食べます。しかも、食堂の座席が少ないので二回に分けて食事することもあるようで、給食時間は九〇〜一二〇分と長くとっています。こんな具合に、日本とは違う学校観・給食観を強く印象づけられました。

食の乱れはフランスでも

フランスでも、他の先進国と同様に、「食の乱れ」(eating disorder)は例外ではなく、一九八〇年代後半から一九九〇年代にかけて問題視されるようになり、行政当局も対策を講ずる状況になっているとのことでした。

「食の乱れ」とは、たとえば、マックのハンバーガーなどのファストフードを好んで食べ、通常の食事を忌避することで、「味覚がくるっている」といわれる状況です。フランスはこの現状を憂えて、パリ市をはじめ全国で「味覚の教育」を学校教育に特別活動として導入しました。

これは、子どもに責任があるのではなく、グローバリゼーションの経済に起因する問題です。パリの街を散歩して驚いたことは、あの凱旋門のあるシャンゼリゼ通りにも日本では見られない「御殿のようなマクドナルドの店」が建っていたことです。

そこで私たちは、子どもたちの「食の実態」を知りたいと思い、アンリ・バビュルス小学校の生徒たちへの「調査」をお願いすることにし、後日、調査票を日本に郵送していただきました。その結果は、以下のようです。

(1) 食について

この小学校の高学年の四二人中、「朝食抜きの子ども」は四人（一〇％）いました。その理由は、「時間がない」「食欲がわかない」など、生活リズムの狂いや夜型生活の問題を暗示しています。

(2)　朝食の食事内容について

朝食を食べる子どもでも、その内容は「チョコレートやココアのみ」が四五％、「オレンジジャやリンゴジュース類のみ」が三九％、「コーンフレークやラスク」が二六％、「ジャムやバターをぬったパン」が二一％という具合です。この組み合わせは、日々少しずつ変わるのでしょうが、これでは食事とはいえません。

ホテルの朝食では、これらに加えて「ハム、ソーセージ、ベーコン、エッグ」がでますが、「緑黄野菜」などは出ないので、家庭もホテルの朝食も大差なく社会全体がファストフード化しているといえるかもしれません。

(3)　好き嫌いの状況について

「好きな食べ物」は、フライドポテトが六四％、パイ（洋菓子）が四七％と男女差はなく、菓子のような食べ物へと嗜好が傾いています。「嫌いな食べ物」は、ほうれん草三〇％、キノコ類が一八％、チーズ一〇％などです。これらは学校給食でもよく使われる食材です。

(4)　家事の手伝いについて

「食事の手伝いをときどきする」子どもは六二％ですが、「全然しない」子は一七％と日本の子どもより多い状況です。「手伝い」の内容は、①調理三五％、②買い物三三％、③食卓の準備二一％、④

後片付け一〇％です。日本の子どもでは、③、④が多いのですが、フランスでは①，②が多いという違いがみられます。

いずれにせよ、家庭の「食育力」が十分でない状況は同じです。

(5) 外食の状況について

「外食を毎日する（宅配ピザ等を含む）」というフランスの子ども（家庭）は、四五％もいます。日本の子どもに対する調査結果よりも、その比率が高い状況です。

以上の調査結果からも、フランスの家庭や子どもの食生活・文化はグローバリゼーションのなかで大きく変貌しており、食教育の必要性はフランスでもきわめて高いことを印象づけられる実態が示されています。

このように、一九八〇年代半ば以降、「フランスの食生活・文化はアメリカナイズされてきた」といわれます。私たちが視察旅行に行った二〇〇〇年には、子どもたちの食生活にもファストフード化が浸透していることが、上記の調査からもうかがわれます。

世界最大のファストフード・チェーンのマクドナルドの世界進出はグローバリゼーションの象徴であり、アメリカのジャーナリストであるエリック・シュローサーは「マクドナルド化社会」（McDonaldization）を鋭く批判しました（『ファストフードが世界を食いつくす』二〇〇一年、草思社）。

この鋭い表現は、生活や時間の効率化、人間の機械化、ロボット化などを象徴する言葉でもありました。「食育・食教育」は、これと対置される言葉であり、運動です。

中学・高校生の給食はマックとコカ・コーラ

フランスでは、中学校はもちろん、高校でも給食があるといいます。県の管轄下にある民間委託の給食センターが給食を作って、各学校に配送するという仕組みで行われています。マラコフ市の直営給食を経験してきた生徒たちが中学校や高等学校に行くと、「給食の質が落ちている」と不満が出るといいます。

その中学・高校では「アメリカ・デー」という「給食の日」があって、「マックのハンバーガーとコカ・コーラ」が出るといいます。マラコフ市出身の生徒たちは、この日が嫌いです。他方で、教師たちはこれをなんとも思わないようで、「先生は、家でいったい何を食べているのか?」と、生徒たちは批判的であるといいます。マラコフ市の学校給食がいかに意義深いものであるかが、このような状況からもわかります。

マラコフ市の子どもたちは、幼児の頃から地元の食材や食文化のもとで育まれているのです。保育園でも給食が出されますが、センターではなく保育園自身で調理された食物を〇歳～二歳半の幼児たちに当てがわれます。幼稚園と小学校は同じ校舎のなかにあって、一緒に食事することもあり、幼稚園児たちが小学生になっても学校生活に適応しやすいように配慮しているとのことでした。

食事の世話係の職員

マラコフ市の学校の給食施設や食堂は、敷地が狭いことからキャフェテリア方式になっていますが、「給食指導のための職員」が特別に配置されています。幼稚園では幼児一五人に対して一人、小学校では三〇人に一人の割合です。午前一一時から午後一三時半までの二時間半、一一〇フラン（一八七〇円）の賃金で、市役所職員や有資格の大学生が、担当します。キャフェテリアでの並び方、適切な食事の選択、食卓での会話や好き嫌いをなくす指導などが、その仕事です。このような指導員を制度化し拡充していくことは、今後の課題であるとのことでした。

マラコフ市の学校給食センターの調理場

給食センターで給食を食べる

最後に私たち一行は、各学校の給食を作っているマラコフ市の「市営給食センター」を訪れました。二階の食堂に案内されて、食事をいただくことになりました。ここの職員の方々が食事を用意してくれました。私たちがいただいた食事は、「家庭用」か「市の職員用」の食事であったように思います。

最初に出されたのは、私たちのために特別に用意されたロゼ・ワインです。次には、給食用の食事で、大きなボールに入った生野菜です。これは、めいめいが小皿にとってナイフとフォークで食べました。そのあとには、いろいろなフランス料理が続きました。①カナッペ（薄切りの小さなパンに種々の具をのせ、ペーストを塗ったもの）②コキール（調理してソースで和え魚介や肉などを詰めてオーブンで焼いた料理）、③チキンとホタテのグラタン、④ラズベリー（赤い木の実）、⑤コーヒーなどを、いただきました。おいしい食事でした。各人用の皿は、陶器製のものでした。

ブラッドフォード市の市営給食センター入口

このセンターでは、冷凍食品や調理済みの食品は使っていますが、遺伝子組み換え食品はいっさい使わないことを方針としていました。ここで作られている給食の食事内容は、フランスの通常の食事であり、日本人の私たちが食べても「普通の家庭的な食事」という感じで何の違和感もなく、おいしく食べられました。このようにして、マラコフ市の幼児や小学生たちが食べている給食内容を味わい確認することができました。同市の助役夫人も、同席して会話しながら会食することもできました。

第2節　イギリス・ブラッドフォード市の学校給食

多方面に給食を提供するセンター

マラコフ市の視察を終えた翌日、私たち一行は電車（ユーロスター）に乗ってドーバー海峡をくぐりイギリスにわたりました。ロンドン市のビクトリア駅で下車し、そこからバスに乗り換え、途中でケンブリッジに寄り、ホテルで昼食を取りました。その後、またバスに数時間乗ってブラッドフォードにつきました。

同市は、西ヨークシャー州の小都市で、昔は炭鉱の街でした。周辺には、マンチェスター、リーズ、シェヒールドなど鉱工業や羊毛紡績業の都市があります。ビクトリア朝の一八六〇年代から、福祉や学校給食に全英で一番に力を入れてきた街がブラッドフォード市です。その今日の姿を知りたいと思いました。

ブラッドフォードといえば、今から約一四〇年の昔、学校給食の開拓者として世界に知られたマーガレット・マクミラン女史（教育者）も貧しい人々とともに、この街に暮らしていました。彼女は「我々は飢えにしっかりと握られている。しかし、この小さな子どもたちこそは偉大な社会改革の主人公となるであろう」との信念をもち、児童福祉の発展に生涯を捧げました。

翌朝、私たちは「市営給食」を運営するＥＣＳ（Education Contract Services：教育請け負い部局）を訪ねました。ここは、市議会の事業部で、学校給食だけでなく、老人給食など複合的なケータリング（食事供給）を行っている市営の給食センターです。まずは、二人の女子職員の方からレクチャーを受けました。午後三時から三〇分間は、お茶の時間でした。

学校給食は、十分な調理施設を持たない六〇校は、このセンターから配送される半調理品を学校内の施設で調理したり温めなおしたりして子どもたちに出すそうです。

完備された調理場を持つ一八〇校は、このセンターが準備する食材を使って給食調理員が調理します。まったく給食施設のない学校（一〇〇〇食分）には、最近、冷凍にした食事を一週間分まとめて配送する

ブラッドフォード市の給食センターの調理場

技術を開発したといいます。さらにまた、地域や学校の事情に細かに対応して、「朝食給食」「一〇時のおやつ」「売店」「行事食」「アレルギー給食」「中等学校への自動販売機の設置管理」なども行いはじめたといいます。

その他にも、市民向けの給食では、「老人施設の給食クラブへの配送」（七〇〇食）、「老人ホームへの給食」（一五〇〇食）、さらに「家庭や市役所への給食（朝食・昼食・夕食）」等で、一〇〇〇食を配送しているとのことです。

これら全部で四万食を毎日作っているのです。日本の学校給食での最大のセンターは二万食規模ですから、四万食とは驚きでした。これらの給食は、国の法令や市の「食物・栄養政策基準」に適合させているとのことでした。

無料給食の多いブラッドフォード市

ブラッドフォード市全体では、初等学校に通学する子どもは七万五〇〇〇人ですが、そのうちの六〇％

（四万五〇〇〇人）が学校給食を食べており、そのうちの六〇％（二万七〇〇〇人）が、「無料給食」（Free Meal）を受けています。その全通学児童に対する割合は三六％です。イギリス全土の「無料給食」の受給児童は二〇％くらいですから、ブラッドフォード市における「無料給食」の受給児童の比率はたいへんに高いことがわかります。イギリスでは、それは貧困の指標としても認知されています。

このような現状は、一九〇〇年代の初めからほとんど変わっていません。その当時からブラッドフォード市は、子どもの福祉・養護や給食に力を入れてきたイギリスの先進的で良心的な施策を行ってきた都市として定評がある都市です。学校給食は、同市でも選択制ですが、経済的貧困や食生活・文化の貧困の階層格差も広がっているといわれます。

ブラッドフォード市の給食方針

ブラッドフォード市やＥＣＳの給食方針は、イギリス政府の方針とリンクしつつ、次のような方針にもとづいて実施されています。

① 食材は地元のものを使う。
② 遺伝子組み換え食品は使わない。
③ 狂牛病感染の恐れがある牛肉は不可とする。
④ 食アレルギーを考慮した献立作りをする。
⑤ イスラム教徒の食事を考慮する。

以上のように、食の安全性、健康への配慮、食文化に対する理解など原則的な注意が払われています。また、ＥＣＳは、地域や家庭に「給食だより」や「ニュース」を配布して、給食事業の実情を伝え、市民の理解を深めようとしています。

セント・フランシス小学校の給食

ＥＣＳの調理場を見学させていただいたあと、私たち一行は市内のセント・フランシス小学校を訪問しました。子どもたちの親しみのこもった率直な歓迎ぶりに感激しました。男の子たちは、「ポッケモン、ポッケモン」といって集めたカードを見せようと寄ってきます。校長の計らいで、私たちは子どもたちに案内され、それぞれのテーブルに着きました。

この学校の給食は、「自校方式」で、調理場のカウンターからセルフサービスで食事を受け取ります。食材等はＥＣＳから配送されます。調理の仕事や配食の仕事は、ＥＣＳの職員と父母のパートで行われています。

食堂は、日本の学校の教室を二つ合わせたくらいの広さです。児童数が一〇〇人くらいなので、これでちょうどよい感じです。この食堂は、多目的ホールや体育場としても使われるので、給食時にはテーブルや椅子を並べたり片づけたりする手間がかかります。

この日の給食の献立は、カリフラワーと野菜のソテー、ジャガイモと玉ねぎの揚げ物、ライスといったものでした。パレット皿にのったこの食事を食べている子どもたちの様子を見ると、とても美味しいとい

セント・フランシス小学校の食堂内

う感じではありませんでした。

この学校の給食も「選択制」です。給食を食べる子どもは五〇％程度だといいます。「ハンバーグ」などが出る日の給食は、喫食率が高くなるとのことでした。私たちが訪れたこの日は給食を食べる子どもは少なく、多くの子どもたちは家から「ランチボックス」（弁当）をもってきました。これはピンクやブルーの色のついた半透明のプラスチックの箱で、ショルダーバックのようにして持参します。

お菓子（クリスプス）だけの弁当

子どもたちがこのランチボックスを開けて「昼食」の中身を取り出すのを見て、私たち一同はたいへんびっくりしました。多くの子どもたちのランチボックスから出てくるものは、ほとんどが「お菓子類」でした。

たとえば、日本でいえば、エビセン、ポテトチップス、飴、ガム、チョコレートなどの類です。イギリスでは、ポテトチップスなどを「クリスプス」（カリコリと音がするもの）といいます。これに加えて、色のついた炭酸飲料やコカ・コーラ（二リットルのボトル）などです。

サンドイッチやオレンジ・ジュースは、まだ、ましなほうですが、そんな子どもはまれです。リンゴを一つ持ってきた子は一人いましたが、野菜類は皆無でした。

この光景には、私たち一同は真底、ショックを受けました。日本の子どもたちのお弁当であったら、こんなことはありえないと思います。「食事は私事、食教育は家庭の仕事」と考える伝統の強いイギリスですが、そういう発想では給食も食育も成り立つはずはありません。当時のブレア政権も、このような現状を憂えていますが、良い方法が見つからないといいます。

イギリスは今日においても、「給食は貧乏人に与えるもの」、「給食指導や食育は個人の私権を侵害するもの」であるという偏見から自由になっていないのではないかと考えさせられました。一九〇六年「教育・給食法」から、およそ一〇〇年もたっているにもかかわらず、給食は「選択制」であり、食育・食教育はまったく行われていない現状がわかりました。

第3節　ロンドンの学校給食

翌日の朝、私たちはブラッドフォードから列車に乗りロンドンに向かいました。一時間の間、車窓から見える風景は、どこまでも続く牧場と「教会の建物を中心に広がるいくつもの集落」でした。この光景は、きっと一六世紀頃から続く、今にも残るイギリスの街の風景であろうと感激しました。ロンドンのビクトリア駅で下車して、バスでイースト・エンド地域に入り、タワーハムレット区のブルーゲイト・フィール

ブルーゲイト・フィールド小学校
の食堂で給食を食べる子どもたち

ド小学校を訪ねました。

この地域はその昔、スラム街であったことで有名です。この小学校は、生徒の九九%がバングラディシュ人、一%がインド人です。イギリスは、サッチャー政権下の「一九八八年教育改革法」によって保護者が学校を選ぶ制度にしたため、同じ民族の子どもが集まる学校が実現したのです。多目的ホールでの体育の授業で民族舞踊を見学し、教室を回って授業を見学させてもらいました。教室の壁や柱には「ヘルシーな食事」というポスターも貼ってあり、「肉や脂肪をやめ、穀類や野菜、ヨーグルトや果物を食べましょう」という絵入りの標語が書かれているのが目立ちました。

ブルーゲイト・フィールド小学校の給食

この小学校に通う子どもたちにとっては、「学校給食が一日の食事のなかで唯一の食事らしい食事」だといいます。そのために、給食の喫食率は一〇〇%だといいます。一二時過ぎ、多目的ホールが食堂となり、カフェテリア方式のセルフサービスによる給食が始まります。子どもたちは、思い思いの円卓に友だちと一緒に座って食事をします。

この日の料理は、トースト、野菜のソテー（油で炒めたもの）、コロッケのようなポテトのフライや長細いフライドポテト、ピクルス（西洋風の漬物）、サラダ、「チョコレート・ピューレ」（チョコレートをドロドロの液状にしたもの）、チョコレートをまぶしたお菓子など、じつに多種多様なメニューが用意されていました。

ブルーゲイト・フィールド
小学校のカフェテリア

子ども好みの「食の提供所」でよいのか

子どもたちのプレート皿を見ると、主食のパン（トースト）やサラダなどはなく、「チョコレート・ピューレ」や「チョコレート菓子」を食べている子どもばかりです。「バランスよく食べるように」と、お手本の皿がポスターで掲示されていますが、子どもたちのお皿はひどく偏食型です。この光景に、私たち一同はたいへん驚きました。家庭で食事らしい食事ができていない子どもたちなのに、このありさまでは、給食の意味がないのではないかと思いました。この子らの身体や健康はどうなってしまうのだろうかと、心配になってしまうほどでした。

この小学校の給食についての「問題点」も、いろいろと感じました。

その第一は、「カフェテリア方式からくる問題」です。日本の給食活動のように食缶を運んだり、配膳したり、後片付けをしたりといったような子どもたちによる給食活動というのはまったくありません。子どもたちはただ食べるだけです。配膳から後片付けまで全部、業者のシステムでやってしまうので、「給食活動」としての労働（仕事、活動）をとおして子どもが学ぶという機会はまったくありません。子どもたちが参加できる「給食活動」（配食など）がなければ、「食育」というものも虚しい言葉になってしまうのではないかと思います。

第二に、「食のメニュー」にかかわることですが、このカフェテリアでは「野菜」がほとんどないということです。「揚げ物」はじつに多種多様ですが、野菜類を提供できていません。「子どもたちが好まないので出さないようにしている」とのことですが、これでは、まったくの商業主義であり、食育（食教育）にはなりません。先述したフランスのマラコフ市のような指導職員もいないのです。単純に、学校内で開かれている食事業者によるカフェテリアにすぎません。

第三は、イギリスでは、「自分の健康は自分で守る」ということのようですが、「食事・給食をとおして学ぶ」機会がしっかりと整えられていないのは、大きな問題点であると思います。

教師も、このカフェテリアのある食堂で「給食」を食べていますが、生徒たちと離れて一人だけで食べていました。こういう寂しげな光景を見て、とても「学校」という場、学校の「給食」にはなっていないのではないかと寒々しく感じました。

総じて、これでは一九〇〇年代初期に、子どもたちが校外の「センター」に昼食を食べに行った光景とまったくかわりません。それは、「ただ与えられた食事を食べるだけ、好きなお菓子は好きなだけ食べられるという」校外のセンター給食の実態でした。それと似たような大学にある「食堂」（学食）と同じでは、子どものための「給食」（食育）をしているとはいえないでしょう。

「給食」をとおして「食」を学ぶという制度概念や給食観が、今日においてもイギリスには、ほとんど定着していないということでしょう。私が学んできたロンドン大学のM・E・バークレイの給食論（"The Feeding of School Children",1914）は、今の私たちと同じ「食教育論」にたつものですが、今日のイギリスの給食の実態は、それとは大きくかけ離れたものでした。

第4節　二〇〇〇年代のイギリスの給食・食教育の混迷

最後に、私たちがこの視察旅行をした当時（二〇〇〇年）における、イギリスの国政レベルにおける「栄養政策」や「学校給食問題」についての問題意識や論議について、触れておきたいと思います。イギリスの国民・子どもの食の実態や食文化の問題は、「国政レベル」においても大きな課題になっていたことを、書き加えたいと思います。

二〇〇〇年を前後する時代、すなわち、一九八〇年ごろから二〇〇〇年代初期にかけては、イギリスでも「新・自由主義」（日本でいえば、「臨調・行政改革」）の政治路線が強化され、それに対する国民的な批判・反対運動が展開されてきました。この文脈のなかで、給食・食育にかかわる問題も大きく揺さぶられ、国政上の論点となりました。

すなわち、イギリスでは、保守党のサッチャーが首相に就任（一九七九～一九九二年）すると「新自由主義」路線（日本では小泉政権と同様）をとり、社会保障・福祉、医療、教育・給食など公共的事業に「市場原理」を導入し、「民間活力主導」・「民営化」路線が強行されていきました。

イギリスでは、子どもの二〇～二五％（実数で約一〇〇万人）が「無料給食」を受けていましたが、サッチャー政権はその受給資格を制限し受給者を削減しました。学校給食の実施状況においても、それまでは六六％の子どもが給食を食べていましたが、サッチャー政権の時代になると四〇％へとダウンし、多くの子どもが給食を享受する機会を失いました。

学校給食は"School Meals"（学校の食べ物）で、この言葉には人間らしさのこもった暖かさや懐かしさがあったのに、今ではそのイメージが失われたといいます。

新自由主義による学校給食制度の変質

サッチャー政権のとった「新自由主義」の政治体制は、教育や学校給食に対しても公的資金による公的な管理運営を排除し、「民間資金主導」（Private Finance Initiative：略称ＰＦＩ）と「義務的競争入札」（Compulsory Competitive Tendering：略称ＣＣＴ）という制度によって、給食制度とその管理運営を「民営化・民間委託化」させるものでした。この「新自由主義」体制によって、学校給食の法制も以下に示すように大きく変化・変質しました。

第一に、学校給食の実施はそれ以前は、ＬＥＡ（地方教育委員会）の教育行政上の「義務」でしたが、これが廃止されました。

第二には、各学校の意思によって、給食の実施・不実施が重視され、その決定権が移譲されました。これによって、給食の民間委託化が推進されやすくなりました。

第三に、親や子どもにとっても、給食を受けるかどうかは「自由選択」の問題になりました。子どもが「弁当・ランチボックス」などを持参することも自由であるということになりました。

第四には、中央政府による給食の食事内容や栄養基準なども廃止され、「規制緩和」されることになりました。

第五に、各学校における給食の実施・不実施にあたっては、上記の「ＣＣＴ」や「ＰＦＩ」法によって「競争入札」が義務づけられました。

食育を再生させるブレア政権の努力

ブレア政権がスタートした翌年、「一九九八年教育法」が制定されました。その骨子は、サッチャー政権の政策を逆転させるものでした。

すなわち、第一に、ブレア政権の「一九九八年教育法」は、「ＬＥＡは学校給食を実施する「義務」がある」というものでした。

第二には、学校給食の実施において、政府の権限を強化し、公立学校は国からの配当予算がすくない場合でも、学校給食を実施する「義務」があるとしました。

第三に、同法の一一六条では、「無料給食」、「無料ミルク」、「有料給食」の提供を、各学校理事会に義務づけ、学校給食を振興させるようにと規定しました。

第四には、同法第一一四条によって、政府が栄養基準（Nutritional Standards）やその他の要請（Requirements）、規則（Regulations）を作る権限をもち、LEAや各校の学校理事会を法的に規制することとしました。

これらの条項は、サッチャー政権が放擲した給食法制を復権させるものでした。このほかにも、ブレア政権は学校給食の内容的な充実策や食育を再生させる「栄養法」を策定しました。これを、以下においてみておきたいと思います。

給食を充実させる「栄養法」の策定

ブレア政権（一九九七年第一次、二〇〇一年第二次）は、サッチャー政権が廃止した学校給食の国家基準としての「栄養法」と「栄養指針」とを二〇〇〇年春、復権させました。その詳細は後述しますが、それまでもブレア政権は次のような政策で「学校給食と食育の推進」をはかってきました。

①学校給食の質を向上・改善するために投資する、②栄養や食品についての情報や忠告を提供する、③学校給食を普及充実させるキャンペーンを支援する、④学校給食のための栄養ガイドライン（指針）を提示する、⑤学校および家庭での栄養教育を提供する、⑥スタッフの支援と教育訓練を提供する、などがあらためて課題とされました。

「栄養法」は、いわば「良い学校給食とは何か」の条件や基準を示すものです。同法はもっぱら「健康と栄養」という限定された観点からの給食に対する国家的な規制です。栄養基準だけを示しても給食は良くなりませんが、それがない時代（サッチャー政権）よりははるかによいことです。

この「栄養法」は、五歳以下の幼稚園、初等学校、中等学校の三つの給食に適用される義務的基準です。これを遵守して給食づくりを行うようにということです。数値は異なっても、三つの学校体系に共通する事柄は、「栄養素」と「食品群」とに着目して、その不足がちな食物を給食によって摂取させようというのが要点です。

「栄養法」がいう「ヘルシーな食事」とは、次のとおりです。

① 成長発達に十分なエネルギーと「多様性の豊かなバランスの取れた食事」。
② 「食物繊維」の豊かなでんぷん質の食事が多いこと。
③ 「果物や野菜」が多い食事。
④ 「脂肪」を多くとらないこと。
⑤ 「肉類」は控えめであること。
⑥ 「砂糖」の多い食物や飲料を控えること。

などです。これが、「栄養法」の核心部分ですが、これは世界の常識でしょう。

「栄養法」が示す食物と調理方法

「食品群」では、次の四つとそのバランスを重視せよとします。

①　澱粉質の食物（パン、ポテト、ライス、パスタ等）
②　果物、野菜、サラダ
③　牛乳と乳製品（チーズ、ヨーグルト等）
④　肉、魚、その他の乳製品以外のタンパク質

そして、これらの食品についての使用基準が、次のように示されます。

①学校給食はこれらの食品群から構成されること、②フライドポテト、チップス、ローストポテトは、一週間三回以上使用してはならない、少なくとも一週間に一回以上はライスを使用しなければならない。パスタも一週間に一回以上使用すること、③一食では、ライス五六グラム、ポテト九八〜一七〇グラム、チップス等は八四グラム、パン七〇グラム、ピッザ九八グラム、クラッカーやビスケット六三グラム、パスタ五六グラム、根菜類七〇グラム、緑黄野菜五六グラム、豆類八四グラム等々となっています。

このような食品規制のうえで、「給食づくり」の「配慮点」が、次のように書かれています。

①　野菜については、生鮮、冷凍、缶詰、乾燥野菜など変化に富むものを提供せよ。
②　また、根菜、葉菜、サラダなど選択できるように変化をつけること。
③　野菜を調理する際、ビタミンのロスを防ぐために水は最小限にし、また、緑野菜の場合は重曹を使わないようにする。
④　野菜はサラダやおしたしとして生（raw）のままで出すこともできる。
⑤　蒸し野菜は、栄養を逃がさず、硬さや色を保つことができる。

⑥　野菜料理には脂質を加えてはならない。
⑦　玉ねぎなどは、フライにしないで茹でるか蒸すかにすること。
⑧　肉料理にミックス野菜を入れるのはよいが、高脂質のソースは避けるようにすること。

このような常識的なレベルの指示をしなくてはならないほどに、給食調理のレベルがおちているということでしょう。

この項目と同じような内容で「ヘルシー・クッキング」という項目がありますが、内容はほぼ同じです。また、アレルギーなどの「特別食づくり」の規定もあります。

イギリスの食生活の実態と課題

今ここでイギリスの食生活の実態の全貌を明らかにすることはできませんが、もう少しその実態に触れながら、イギリスの人々の課題意識に触れておきたいと思います。

イギリス人のジャーナリストであるジョン・ハンフリースは、イギリス国民の食生活の実態や意識について、次のように述べています。

「何人かの医者から聞いた話だが、患者の中にジャンク・フード(スナック菓子やファスト・フード等)しか食べていない子どもがいるそうだ。親はその子が生まれてから一度も肉や野菜を調理してやったことがない。これは食品の値段とは全然関係がない。それどころか、普通は加工食品の方が高くつく。はやり言葉を使えば、親がこんな「ライフスタイル」を選んだからなのだ。それを勧めているのは食品業界だ。ポテトチップス一袋の方がジャガイモ一袋より儲かるからだ」（John Humphrys, *The Great Food Gamble*, 2001）。

これは、イギリスだけにとどまらない世界の食事情であるといってよいと思います。農業・食料政策が、家庭、子ども、学校給食などすべての食環境・食生活を決定づけ支配している構図を見逃してはなりません。また、食教育は、この食支配の構図に対する批判的・自覚的な見地を養っていく役割を求められています。

研究者たちの批判——企業による食事観の操作

イギリスのワーウィック大学のマレーネ・モリソン（Marlene Morrison）は、「企業的な食品・食事」を「制度化されたスナッキング（軽食）」と呼んでいます。それは、自然や地域、共同体の生活文化に根ざした本来の食文化が奪われ、そこから乖離して、人々の気分、感覚、消費嗜好などの欲望を操って、企業が食の消費を支配することを批判する言葉です。それはまた、「人間のさまざまな生活実態や現実を覆い隠し、自我やアイデンティティーの形成にも重大な損失をもたらす」と、モリソン教授は指摘します（*Educational Studies*, Vol.21, No .2, 1995）。

確かに、視察したブラッドフォード市のセント・フランシス小学校の生徒たちが持ってくるランチボックスの中の食べものを見ると、モリソン教授の言われることは大袈裟ではなく、まったく言われるとおりの現実になっていると思わざるをえません。

モリソン教授は、イギリスの子どもや青年の「食」の消費行動を調査し、産業化された食料とその消費が、心（感性や感覚）や精神（食事観や自分が自分であるというアイデンティティー形成）に及ぼす影響を次のように考察しています。

「制度化されたスナッキングは、食の市場と消費を自然や共同体の生活や人間関係から離脱させる。商品化された食文化は、子どものさまざまな欲望をのせて趣味・感覚・感性（成熟した大人のような気分、男らしさ・女らしさ、ファッション）を感受し表現する手段になっている。……みんなが同じようなスナック菓子を食べていたら、人々の生活実態や生活文化、階層・階級格差や、食の社会的な側面や背景は覆い隠される。食を市場原理にゆだねたままでは、子ども個々人の必要性に応じることや、子どもの健康や発達保障をすることを阻害するという矛盾を深めることになる。」（Marlene Morrison, *ibit.*）

このモリソン教授の洞察に筆者も共感します。

食の社会的な環境変化や社会的圧力を、市場と個人の選択の問題とし、食の安全性や危険性の問題を「個人の自己責任」に放置して、教育や学校が何もしないというのはおかしいと、指摘するモリソン教授の見方は、素晴らしい慧眼であると思います。

同様にして、イギリスのウォーレン・ベラスコもまた、「産業的な食文化が食を抽象的でヴァーチャル（虚像、仮想）なものにしている」とし、「民族的な食のアイデンティーを再生させることが世界的な現象となっている」と論評しています（Warren. Belasco, ed, *Food Nations*, 2002, London）。

イギリスの高校生の「学食」への批判

イギリスの高校生のなかにも、次に紹介するような青年がいます。スナック的な食施設（学食）しかない高校で、ある男子生徒は次のように述べています。

「今の学校では、健康な食事を選択することはできません。学校では、僕は紅茶とコーヒーのマシーンを利用しているだけです。それで、学校を出て街のスーパーへ行ってサンドイッチか果物を買います。学校には、それさえもありません。多くの生徒たちは自動販売機に並んで炭酸飲料水を買うようにさせられてきました。これで不健康にならないなんて不思議でしょうがない。僕は今年、学校審議会の委員なので、健康な食べ物を選択できるような学校の食施設にすることを議論したいと思います。」（Hillcot School, Steven 君、一六歳、モリソン教授の論文からの引用）

地域に根ざす給食・食育を

以上、イギリスの研究者や高校生の「食」の現状に対する批判と願いとを紹介しました。世界の心ある人々の想いは、同じであると観じます。二一世紀の学校給食・食教育のキーワードは、「地域に根ざす」ことと「人間的な豊かさ」だと思います。「地域」とは世界のなかの地域（国）、日本中の地域です。それぞれの地域の「自然」と「人々のつながり」を崩壊させず、人々の食への願いと希望を結実させる「給食・食育」の方向性をめざしてほしいと切望します。

言い換えれば、「食文化」を豊かにさせる「食料の自給率」を高め、多国籍企業に「食」を一括支配させず、民族・国民の「食料主権」を守り、いのちと安全・安心を一番大切にし、①地場の旬の食材で作る給食、②住民・父母・子どもたちが参加する給食、③子どもが自分（心とからだ）に向き合い、社会の主人公に育つ食教育、これが「地域に根ざす豊かな給食・食教育」の理念・ビジョン（将来像）です。

国際法にみる健康・福祉・教育・給食への「子どもの権利」

第二次世界大戦後から二〇〇〇年に至るまでには、健康・福祉や教育・給食にかかわる国民・子どもの「権利」が確認され、国家や社会がその「権利保障」の任務を負わねばならないと宣言されました。その国際法のいくつかを掲げたいと思います。

その第一の国際法は、国際連合が制定した「世界人権宣言」（一九四八年一二月一〇日）です。その第三条は「すべて人は、生命、自由及び身体の安全に対する権利を有する」と宣言しました。第二五条一項は、「すべて人は、衣食住、医療及び必要な社会的施設等により、自己の家族の健康及び福祉に十分な生活水準を保持する権利並びに……保障を受ける権利を有する」としています。

第二六条は、たいへんよく知られていますが、「すべて人は、教育を受ける権利を有する。……初等の及び基礎的の段階においては、無償でなければならない」とされています。

第二の国際法は、WHO（世界保健機構）とUNICEF（国連児童基金）との共同会議によって発せられた「アルマ・アタ宣言」（Alma-Ata, 一九七八年九月一二日）です。それはその冒頭で次のように述べています。「健康は人間の基本的権利であり、可能な限り高度な健康水準を達成することは社会的に重要な究極の目標となる。その実現には保健分野のみならず、多方面の社会経済分野からの働きを必要とするが、それは世界全体に利益をもたらすものである」。

ここで注意しておきたいことは、イギリスでは支配階級のイデオロギー操作（意図的に作られた偏った考え方）によって一般民衆までが陥った「健康は個々人の自己責任」であるという観念を打破し、「国家・政府の責務として保障されねばならない国民の権利」であると宣明されたという点で、この「宣言」の歴史的な意義があると観じます。国民の健康を「自己責任の問題」だとすることは、「自分さえよければよい」という私利私欲に縛られた偏見であるということです。そのような意味で、「アルマ・アタ宣言」が国民全員の健康権を保障することは「世界全体に利益をもたらすものである」との言葉には、歴史を重ねて到達した含蓄のあるものだと思います。

第三の国際法は、「経済的、社会的及び文化的権利に関する国際規約（A規約）」（一九七九年八月四日）です。まず、その第一〇条では、「児童及び年少者は、経済的及び社会的な搾取から保護されるべきである。」同様に「その精神もしくは健康に有害であり又はその正常な発育を妨げる恐れがある労働に使用することは、法律で処罰すべきである」と規定しています。

さらに、第一一条第一項は、この規約の締結国は、「自己及びその家族のための相当な食糧、衣類及び住居を内容とする相当な生活水準について、並びに生活条件についての不断の改善についてのすべての者の権利を認める」とします。これに続き、第二項では、「すべての者が飢餓から免れる基本的な権利を有することを認め、国は具体的な計画その他の必要な措置を取る。その具体策として(a)「栄養に関する原則

について の知識を普及させること」、また、「食糧の生産、保存、分配の方法を改善すること」(b)世界の食糧の供給の衡平な分配を確保すること」と規定しています。

第一二条では、子どもの「健康に成長しかつ発達する権利」「健康を享受する権利」が掲げられています。第四は、国連の第四四回総会において満場一致で可決・制定された「子どもの権利条約」(一九八九年一一月二〇日)です。日本は一九九四年五月二二日に批准しました。この「子どもの権利条約」は、子どもの「健康・医療への権利」を次のように規定しました。すなわち、「締約国は到達可能な最高水準の健康の享受、並びに疾病の治療及びリハビリテーションのための便宜をはかること」、「すべての子どもが保健サービスへアクセスできる権利を保障するように努めること」(第一項)としています。

第二項では、国の責任で行うべき措置として「c、栄養価のある食事、清潔な飲料水を供給し、疾病・栄養不良とたたかうこと」、「e、親、子に対して健康・栄養の基礎的知識、(中略)情報提供、教育へのアクセス、援助を行うこと」など、具体的な施策を実施することを要請しています。

以上、国際的な人権保障の法制をみましたが、こうした国家的・社会的な人権保障(の法制)があってこそ、個々人の「自己決定」や「自己責任」も果たせるという構造になっていると言えるでしょう。

ブレア政権の前述した「栄養法」なども、このように子どもの人権を保障するために作られた国政上の学校給食法制であったといえるでしょう。

むすび――給食・食育の原点が問われる――

フランスとイギリスの「給食の視察旅行」を終えて思うことの第一は、子どもの人間発達と給食を保障しようとする国民の思想と行政の歴史の積み重ねが、今日の給食の現状を規定していると実感させられたことです。フランスでは、一八八〇年ごろから、各地の市政において給食を保障しようという思想と体制が敷かれていました。マラコフ市の給食は、日本の学校給食と同質の優れたものだと感じました。このような優れた給食の実態は、フランスではマラコフ市だけのものではないであろうと思います。

第二は、マラコフ市の給食で育った高校の生徒たちが「食のあり方」について判断することができ、批判する能力（感覚、感性、知的認識）を自己のものとして身につけている姿には、深い感動をおぼえました。そうした人間的能力は、幼いころからの給食・食育やそれとかかわる学校の社会的・文化的・人間的な環境（食堂などの施設、教職員とのかかわり、会話や協同・協働など）によってはぐくまれるものだと実感できました。

第三に、他方で、イギリス・ブラッドフォード市のセンター給食の場合は、子どもには給食調理場も見えず、働く職員の姿も見えず、四万食もの「食事」を「工場的に製造する」というような効率主義一辺倒であることに恐れおののきました。これでは「給食」は、単なる経済主義の「物的生産」にすぎず、子どもの権利保障としての「給食・食育」には到底値しないと、思わずにはいられませんでした。それは、上述したブレア政権の「栄養法」の原則にも、そぐわないものです。

このような意味において、視察したイギリスの給食の実態は、既述したマレーネ・モリソン教授やウォーレン・ベラスコ氏らが批判しているように深刻な問題をはらんだものといわねばなりません。「食品大企業による給食の独占的支配」は、企業への子どもたちの馴致《じゅんち》（なじませ、従わせること）であって、「子どもの権利」を保障する教育事業から乖離していく虞《おそれ》が大であると危惧します。

私たちの視察旅行は、フランス・イギリス両国の給食の歴史と現在とをつなぎ、給食・食育のこれからの課題をリアルに実感させてくれる貴重な体験であったと思います。両国の多くの方々と交流できたことに深く感謝いたします。

あとがき

私が学校給食に関心をもち、研究することになったきっかけは、自治体問題研究所の知り合いの方から、「給食調理員の合理化がすすめられており、研究会を開くので参加してくれませんか」という連絡があって、その会に参加するようになったことから始まりました。このころから、「臨調・行革」への動きが始まっていたのだと思います。それは私が大学院の博士課程の一年生ころ（一九七六年）のことでした。

私が生涯の教育研究のテーマとして考えていたのは、「学校論・学校づくり研究」でしたが、「学校給食論研究」も、学校論研究の範疇に入ると考え、その研究にも関心を向けるようになりました。

これが機縁となって、同研究所が主催する「学校給食の全国集会」にも毎年、参加するようになりました。その後も、長野県の教育研究集会、東京民研、全日本教職員組合の「教育のつどい」、全国自治労連の「自治研究集会」、京都の給食研究集会などにも共同研究者として定期的に参加させていただき、貴重な研究の機会をいただきました。学校給食を専門的に研究しようとする教育研究者がほとんどいないので、こんな具合に引っ張られることになったのでしょう。

栄養職員や調理員さんたちのおかげで、日本各地の学校給食の実地視察にもたくさん出かけました。そこでの共同の研究会にも参加させていただきました。このなかで学び、研究したことは、学校給食の管理運営（直営と民間委託化をめぐる問題）、給食の食事づくり、子どもの食をめぐる問題状況、食育・食教育実践のあり方などでした。

そのような研究のなかで、河上肇の『貧乏物語』に出会い、そこで引用されているロンドン大学のM. E. Bulkley（バークレイ）、アメリカ・ペンシルバニア大学のLouise Stevence Bryant（ブライアント）、アメリカ・コロンビア大学のCarlton Hays（カールトン・ヘイズ）の原著を読みました。本書で紹介したイギリスと、その他の西欧諸国の学校給食史は、主としてこの三人の著作をもとにして書いたものです。これらの著作をベースとしつつ、諸他の西欧教育史の原著で、教育史や学校制度史の構造と発展的な流れをつかみました。

長年にわたって、温めてきたイギリス、西欧諸国、アメリカ、そして日本の学校給食史をなんとかまとめることができ、一冊の書物としていただいたことをありがたく思います。

とりわけ、本書の編集を担当してくださった野田美奈子さんには、拙稿の執筆を大学の仕事で忙しく、十年余も待っていただきました。また、拙文の構成や内容についても率直な助言をいただき、より充実したものに仕上げることができました。その真摯なご厚意に、あらためて感謝する次第です。

二〇二四年九月

新村　洋史

新村　洋史（しんむら　ひろし）

1943年　静岡県清水市生まれ。

1969年　早稲田大学大学院法律学研究科修士課程修了（労働法）。

1980年　東京大学大学院教育学研究科博士課程修了（教育行政学）。

2015年3月まで，至学館大学（旧，中京女子大学），名古屋芸術大学に教員として勤務した。名古屋芸術大学名誉教授。

大学教育学会理事・常任理事（2000～2009年），東海高等教育研究所所長（1990～2009年），教育科学研究会常任委員（1976～2020年），東京民研・学校給食部会共同研究者（1992～2021年）など歴任。

著　書

『食と人間形成』（編著，青木書店，1983年），『学校給食の創造と人間形成』（芽ばえ社，1988年），『大学再生の条件』（共編著，大月書店，1991年），『いま考える学校給食』（汐文社，1992年），『人権の時代』（青山社，1999年），『大学生が変わる』（新日本出版社，2006年），『学校づくりの思想と実践』（青木書店，2010年），『人間力を育む教養教育』（新日本出版社，2013年），『給食・食育で子どもが変わる』（編著，新日本出版社，2016年）など。

世界の学校給食・食育の歴史

2024年11月12日　第1刷発行

著　者　新村　洋史
発行者　野田美奈子

発行所　績文堂出版株式会社
〒101-0051 東京都千代田区神田神保町1-64 神保町ビル402
☎ 03-3518-9940　FAX03-3293-1123

装幀　オコデザイン事務所
印刷・製本　信毎書籍印刷

ISBN978-4-88116-126-5 C3037